国家职业技能等级证书评价改革培训教材·汽车维修工

汽车机械维修工

（五级、四级、三级）

广州市交通运输职业学校　　组织编写
广州市机动车维修行业协会
　　　梁焰贤　主　编

人民交通出版社股份有限公司

北京

内 容 提 要

本书为"国家职业技能等级证书评价改革培训教材·汽车维修工"之一。全书共七个项目，内容包括汽车维护、汽车发动机检修、汽车底盘检修、汽车电器检修、汽车发动机故障诊断与排除、汽车底盘故障诊断与排除、汽车电器故障诊断与排除。

本书可作为汽车机械维修工职业技能等级评定培训、企业培训教材，也可作为职业学校教学用书。

图书在版编目(CIP)数据

汽车机械维修工：五级、四级、三级/梁焰贤主编．—北京：人民交通出版社股份有限公司，2023.4
ISBN 978-7-114-18491-8

Ⅰ.①汽… Ⅱ.①梁… Ⅲ.①汽车—机械维修 Ⅳ.①UU472.41

中国版本图书馆 CIP 数据核字(2022)第 256218 号

Qiche Jixie Weixiugong(Wuji、Siji、Sanji)

书　　名：	汽车机械维修工(五级、四级、三级)
著 作 者：	梁焰贤
责任编辑：	翁志新　张越垚
责任校对：	赵媛媛　龙　雪
责任印制：	张　凯
出版发行：	人民交通出版社股份有限公司
地　　址：	(100011)北京市朝阳区安定门外外馆斜街 3 号
网　　址：	http://www.ccpcl.com.cn
销售电话：	(010)59757973
总 经 销：	人民交通出版社股份有限公司发行部
经　　销：	各地新华书店
印　　刷：	北京市密东印刷有限公司
开　　本：	787×1092　1/16
印　　张：	15
字　　数：	349 千
版　　次：	2023 年 4 月　第 1 版
印　　次：	2023 年 4 月　第 1 次印刷
书　　号：	ISBN 978-7-114-18491-8
定　　价：	46.00 元

(有印刷、装订质量问题的图书，由本公司负责调换)

国家职业技能等级证书评价改革培训教材·汽车维修工编写委员会

主 任 委 员 姚卫红 张志勤

副主任委员 谭宇新 张燕文 巫兴宏 肖泽民

委　　 员（按姓氏笔画排序）

　　王　锋　王婷婷　艾　刚　代　军　冯明杰　宁英毅
　　朱伟文　刘　戈　刘玉茂　刘健烽　李大广　李贤林
　　肖伟坚　肖泽民　何　才　余程刚　沈洪涛　张东燕
　　张　发　张光严　张会军　张润强　张锦津　陈楚文
　　胡锡锑　胡源卫　黄小镇　黄鸿涛　梁焰贤　揭光明
　　谢　明　蔡楚花　熊　汉

FOREWORD

前　言

为响应国务院关于深化"放管服"的工作要求和推进国家职业资格制度改革，将技能人员水平类评价由政府许可改为实行社会化职业技能等级认定，便于汽车维修从业人员持续学习和考取相应的职业技能等级证书，促进汽车维修行业从业人员的技能提升。广州市交通运输职业学校与广州市机动车维修行业协会联合编写了"国家职业技能等级证书评价改革培训教材·汽车维修工"系列培训教材共6册，分别是《汽车机械维修工(五级、四级、三级)》《汽车电器维修工(五级、四级、三级)》《汽车车身整形修复工(五级、四级、三级)》《汽车车身涂装修复工(五级、四级、三级)》《汽车维修检验工(五级、四级、三级)》《汽车美容装潢工(五级、四级)》。

本系列培训教材以《国家职业技能标准——汽车维修工》(2018年版)为依据，以汽车售后服务企业岗位群的职业能力需求为导向，结合当下汽车产业发展趋势和汽车维修行业新技术、新规范、新工艺、新材料编写而成。

本系列教材编写过程中对接行业和知名汽车厂商的技术标准，根据汽车维修工工作岗位技能和知识要求，整合成典型工作任务。在内容上明确任务适用级别，图文并茂阐述专业知识，用表格形式规范任务操作过程，并客观评价任务完成质量，从而满足汽车维修岗位从业人员职业技能等级证书培训和认证需求，亦满足从业人员的继续教育学习需求。

本书是国家职业技能等级证书评价改革培训教材之一，由广州市交通运输职业学校梁焰贤主编，广州市交通运输职业学校何才、陈楚文、艾刚、朱伟文及广州市机动车维修行业协会肖伟坚、张光严参编。具体编写分工为：梁焰贤编写项目一，陈楚文编写项目二、项目五，肖伟坚编写项目三、项目六，张光严编写项目四任务1、任务3，何才编写项目四任务2、任务8和项目七任务4、任务5，艾刚编写项目四任务4、任务5、任务6和项目七任务1、任务2，朱伟文编写项目四任务7和项目七任务3。

由于编者学识和水平有限，书中难免有不妥之处，恳请使用本书的老师和学生批评指正。

编　者
2022年12月

目 录

项目一　汽车维护 1
　　任务 1　汽车一级维护(五级) 1
　　任务 2　汽车二级维护(四级) 14
项目二　汽车发动机检修 22
　　任务 1　发动机附件拆装(五级) 22
　　任务 2　发动机总成拆装和零件清洗(五级) 31
　　任务 3　发动机技术参数检测(四级) 38
　　任务 4　曲柄连杆及配气机构检修(四级) 43
　　任务 5　燃油、电控系统检修(四级) 55
　　任务 6　润滑和冷却系统检修(四级) 61
　　任务 7　进(排)气系统检修(四级) 66
项目三　汽车底盘检修 71
　　任务 1　汽车底盘拆装(五级) 71
　　任务 2　传动系统检修(四级) 77
　　任务 3　行驶系统检修(四级) 83
　　任务 4　转向系统检修(四级) 86
　　任务 5　制动系统检修(四级) 90
项目四　汽车电器检修 96
　　任务 1　蓄电池、照明、信号装置及辅助电器的拆装(五级) 96
　　任务 2　空调系统拆装(五级) 102
　　任务 3　蓄电池检修(四级) 104
　　任务 4　起动系统检修(四级) 108
　　任务 5　充电系统检修(四级) 115

任务6　照明、信号及仪表系统检修(四级) ……………………………………… 121
　　任务7　辅助电器系统检修(四级) ……………………………………………… 127
　　任务8　空调系统检修(五级、四级、三级) ……………………………………… 139

项目五　汽车发动机故障诊断与排除 …………………………………………………… 147
　　任务1　发动机大修(三级) ……………………………………………………… 147
　　任务2　发动机单个机械故障诊断与排除(三级) ……………………………… 150
　　任务3　发动机燃油、控制系统单个故障诊断与排除(三级) ………………… 154
　　任务4　进(排)气系统单个故障诊断与排除(三级) …………………………… 158
　　任务5　润滑、冷却系统单个故障诊断与排除(三级) ………………………… 163
　　任务6　排放控制系统单个故障诊断与排除(三级) …………………………… 166

项目六　汽车底盘故障诊断与排除 ……………………………………………………… 173
　　任务1　底盘总成检修(三级) …………………………………………………… 173
　　任务2　传动系统单个故障诊断与排除(三级) ………………………………… 178
　　任务3　行驶系统单个故障诊断与排除(三级) ………………………………… 183
　　任务4　转向系统单个故障诊断与排除(三级) ………………………………… 186
　　任务5　制动系统单个故障诊断与排除(三级) ………………………………… 189

项目七　汽车电器故障诊断与排除 ……………………………………………………… 193
　　任务1　充电、起动系统单个故障诊断与排除(三级) ………………………… 193
　　任务2　照明、信号及仪表单个故障诊断与排除(三级) ……………………… 197
　　任务3　辅助电器系统单个故障诊断与排除(三级) …………………………… 201
　　任务4　空调系统单个故障诊断与排除(三级) ………………………………… 209
　　任务5　电力驱动和动力蓄电池系统维护(三级) ……………………………… 216

模拟试题 ……………………………………………………………………………………… 222

参考文献 ……………………………………………………………………………………… 234

项目一　汽车维护

项目描述

汽车维护是指汽车经一定的行驶里程或时间间隔后,根据汽车维护技术标准,按规定的工艺流程、作业范围、作业项目、技术要求等进行的预防性作业。汽车维护主要的作业内容包括检查、清洁、补给、润滑、调整。汽车维护分为日常维护、一级维护、二级维护。本项目主要是介绍汽车一级和二级维护的作业项目、工艺流程及技术要求。

任务1　汽车一级维护(五级)

▶ 建议学时:2学时

一、知识要求

1. 掌握发动机一级维护项目、作业内容和技术要求。
2. 掌握发动机机油、冷却液的分类、选用、更换和安全注意事项。
3. 掌握发动机机油、冷却液泄漏检查。
4. 掌握废弃物的收集、储存方法。
5. 掌握冷却液冰点的检查。
6. 掌握底盘一级维护项目、作业内容和技术要求。
7. 掌握底盘紧固作业安全注意事项。
8. 掌握螺栓和螺母的分类、规格及使用(螺栓螺母知识)。
9. 掌握车轮组成、结构和轮胎检查方法。
10. 掌握润滑油(脂)选用与加注方法(润滑油(脂)知识)。
11. 掌握灯光、仪表信号系统功能检查方法。
12. 掌握喇叭、刮水器、中控门锁、电动后视镜、电动座椅等辅助电气系统功能检查方法。
13. 掌握空调系统功能检查方法。
14. 掌握蓄电池外观及极桩连接、清洁状况检查方法。

二、技能要求

1. 能清洁、更换空气滤清器。

2. 能检查、调整发动机机油、冷却液的液位。

3. 能检查发动机机油、冷却液的泄漏。

4. 能更换机油及机油滤清器。

5. 能检查并紧固底盘螺栓、螺母。

6. 能检查车轮外观损伤、轮胎花纹深度和轮胎气压。

7. 能加注润滑油(脂)。

8. 能检查并调整变速器、制动系统、转向系统、传动系统等的油位和品质。

9. 能检查灯光系统、仪表系统、信号系统的功能。

10. 能检查喇叭、刮水器、中控门锁、电动后视镜、电动座椅等辅助电器系统功能。

11. 能检查空调系统功能。

12. 能检查蓄电池极桩连接状况并清洁。

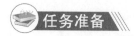
任务准备

一、汽车一级维护概述

1. 汽车维护基础知识

(1)汽车维护的定义。汽车维护是指为保持车辆技术状况良好,确保运行安全、环保,降低运行消耗,对运行达到国家有关标准规定的行驶里程或间隔时间的车辆进行的维护作业。

根据《汽车维护、检测、诊断技术规范》(GB/T 18344—2016)的要求,汽车维护按照"预防为主、定期检测、强制维护"原则分为日常维护、一级维护和二级维护。其中,汽车日常维护一般由驾驶员作业,汽车一级维护和二级维护由专业技术人员作业。

(2)汽车维护的主要作业内容。汽车维护的主要作业内容包括清洁、检查、紧固、调整、润滑和补给等。

①清洁:主要包括对燃油滤清器、机油滤清器及滤芯的清洁,汽车外表面的养护和有关总成、零部件内外部的清洁。

②检查:主要检查汽车各总成的外观、工作情况和连接螺栓的预紧力等。

③紧固:重点对负荷重且经常变化的各部机件的连接部位进行紧固,以及对各连接螺栓进行必要的紧固和配换。

④调整:主要是按技术要求,恢复总成、机件的正常配合间隙及工作恒通等。

⑤润滑:对发动机润滑系统更换或添加润滑油,对传动系统操纵部分及行驶系统各润滑点加注润滑油或润滑脂等。

⑥补给:对汽车的润滑油料及特殊工作液体进行加注补充,对蓄电池进行补充充电,对轮胎进行补充气等。

2. 汽车一级维护作业内容及技术要求

除日常维护作业外,汽车一级维护以润滑、紧固为主,并检查制动、操纵等安全部件。汽车一级维护是一项运行性、预防性的维护,以维持车辆的技术状况为目的。汽车一级维护作业内容及技术要求见表1-1。

汽车一级维护项目及技术要求　　　　　　　　表1-1

项　目	作 业 内 容	技 术 要 求
发动机维护	（1）检查润滑系统、冷却系统、排气系统、燃油系统等有无渗漏和损坏； （2）更换发动机机油及机油滤清器； （3）检查冷却液面高度及防冻能力，必要时添加冷却液或调整冷却液浓度； （4）清洁空气滤清器，必要时更换滤芯	（1）各系统无渗漏和损坏； （2）液面高度符合要求，无渗漏； （3）防冻液的液面和防冻能力符合要求； （4）空气滤芯洁净
底盘维护	（1）检查并紧固底盘螺栓、螺母； （2）检查车轮外观损伤、轮胎花纹深度和轮胎气压； （3）检查加注润滑油（脂）； （4）检查并调整变速器、制动系统、转向系统、传动系统等的油位和品质	（1）螺栓、螺母无松动和脱落； （2）车轮外观无损伤，轮胎的花纹深度不小于1.6mm，气压正常； （3）润滑油（脂）适量； （4）各油液的液位和品质符合要求
电器维护	（1）检查灯光系统、仪表系统、信号系统的功能； （2）检查喇叭、刮水器、中控门锁、电动后视镜、电动座椅等辅助电器功能； （3）检查空调系统功能； （4）检查蓄电池极桩连接状况并清洁	（1）灯光系统、仪表系统、信号系统齐全有效； （2）各辅助系统齐全、有效； （3）空调系统功能正常； （4）极桩清洁、连接牢固

3. 车轮

车轮一般由轮毂、轮辐和轮辋组成。轮毂通过圆锥滚柱轴承套装在车桥或转向节轴颈上，轮辋也叫钢圈，用以安装轮胎。按轮辐的构造不同，车轮可分为辐板式和辐条式两种。目前，普通级轿车和轻、中型载货汽车多采用辐板式车轮，高级轿车、重型载货汽车多采用辐条式车轮。按照轮辋结构不同，轮辋可分为深槽轮辋（图1-1a）、平底轮辋（图1-1b）及对开式轮辋（可拆式）（图1-1c）。

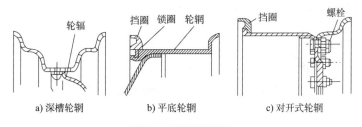

图1-1　轮辋断面形式

4. 轮胎

（1）轮胎分类。根据胎体帘线层排列的不同，轮胎可分为子午线轮胎和斜交轮胎，如图1-2所示。目前轿车大多数使用子午线轮胎。轮胎的常见参数见表1-2。

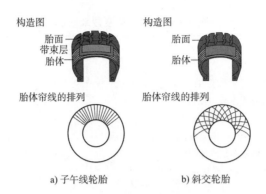

图1-2 轮胎的类型

轮 胎 参 数 表　　　　　　　　　　表1-2

图　例	参数说明
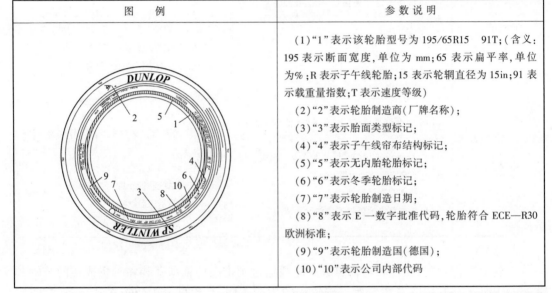	(1)"1"表示该轮胎型号为195/65R15 91T;(含义:195表示断面宽度,单位为mm;65表示扁平率,单位为%;R表示子午线轮胎;15表示轮辋直径为15in;91表示载重量指数;T表示速度等级) (2)"2"表示轮胎制造商(厂牌名称); (3)"3"表示胎面类型标记; (4)"4"表示子午线帘布结构标记; (5)"5"表示无内胎轮胎标记; (6)"6"表示冬季轮胎标记; (7)"7"表示轮胎制造日期; (8)"8"表示E—数字批准代码,轮胎符合ECE—R30欧洲标准; (9)"9"表示轮胎制造国(德国); (10)"10"表示公司内部代码

注:轮胎生产日期的表示方法是在轮胎一侧的轮胎壁上,有一组长椭圆形状的四位数字,如"0622",前2位表示轮胎生产的时间(以周表示),即第6周(大概是2月份),后2位表示生产的年份,即2022年生产。标记"→"表示轮胎旋向,安装时不能装反。

(2)轮胎常见不正常磨损的形式。

①胎面中间磨损,其主要原因是轮胎气压过低,如图1-3所示。

②胎肩磨损,其主要原因是轮胎气压过高,使轮胎中间磨损快于胎肩,如图1-4所示。

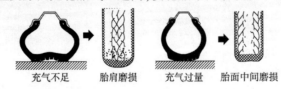

图1-3 轮胎充气不足　　图1-4 轮胎气压过量

③单侧磨损,其主要原因是转弯车速过高、悬架部件变形、车轮外倾角不正确,如图1-5所示。

④羽状磨损,其主要原因是能车轮前束值不正确或过量的后束,如图1-6所示。

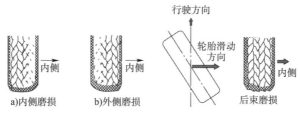

图 1-5 车轮倾角不正确　　　图 1-6 车轮的前束值不正确

5. 轴承和紧固件

（1）轴承。常见轴承一般分为滑动轴承、滚动轴承。汽车常用轴承有深沟球轴承(0类)、调心球轴承(1类)、圆锥滚子轴承(7类)、推力球轴承(8类)、推力滚子轴承(9类)等。

（2）紧固件。汽车常用紧固件有螺栓、螺柱、螺钉、螺母、垫圈等。螺栓和螺母的型号、规格、名称见表1-3。

螺栓、螺母规格　　　　　　　　　　　　　　　　表1-3

图　例	螺栓和螺母类的型号、规格、名称
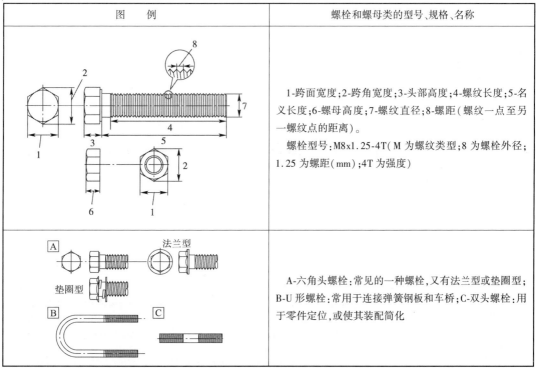	1-跨面宽度;2-跨角宽度;3-头部高度;4-螺纹长度;5-名义长度;6-螺母高度;7-螺纹直径;8-螺距(螺纹一点至另一螺纹点的距离)。 螺栓型号:M8×1.25-4T(M 为螺纹类型;8 为螺栓外径;1.25 为螺距(mm);4T 为强度)
	A-六角头螺栓:常见的一种螺栓,又有法兰型或垫圈型;B-U 形螺栓:常用于连接弹簧钢板和车桥;C-双头螺栓:用于零件定位,或使其装配简化

6. 废弃物的收集与储存

《中华人民共和国固体废物污染环境防治法》规定:产生、收集、贮存、运输、利用、处置固体废物的单位和其他生产经营者,应当采取防扬散、防流失、防渗漏或者其他防止污染环境的措施,不得擅自倾倒、堆放、丢弃、遗撒固体废物。

汽车维修中属于汽车危险废物的包括:废旧机油和机油滤清器;发动机冷却液、制动液;制动器和离合器衬垫;空调系统制冷剂;蓄电池和酸性溶液;零件和设备清洁剂等。

危险废物必须采用专用容器储存和专用车辆运输,禁止将危险废物混入生活垃圾或其他废物。

7. 汽车维修作业安全及注意事项

(1) 5S 管理。具体见表 1-4。

5S 管理的工作内容 表 1-4

项 目	工 作 内 容
整理(Seiri)	确定生产现场的某种资源(包括工具、零件或信息)是否需要。按照必要性,把需要的资源进行组织和利用,把不需要的资源立即丢弃
整顿(Seiton)	整顿工具和零件的过程,目的是不浪费时间寻找物品,以提高工作效率,整顿方法是将很少用的物品存放在单独的地方,将常用物品放在自己身边
清扫(Seiso)	使工作场地内所有物品保持干净,使所有设备处于正常工作状态的过程。目的是养成保持工作场地清洁的好习惯
清洁(Seiketsu)	努力保持整理、整顿和清扫状态的过程,目的是尽可能防止问题的发生。清洁意义在坚持整理、整顿、清扫活动,创造一个良好的工作环境
自律(素养)(Shitsuke)	自律是"5S"的核心,是通过让职工参加规章制度方面的培训,努力提高自身修养,养成遵守规章制度的习惯,成为企业合格的员工

(2) 作业须知。进行维修作业时,应穿着工作服和工作鞋,不要暴露工作服的带子、纽扣和金属饰物,也不要裸露皮肤,搬动生重物或拆卸热零件时,戴上手套;保持油污、工具、零件三不落地;工具和零件不能随地乱放,应放在工具柜和零件车(工作台)上;机油、燃油和润滑脂等液体撒落到地面时,应立即清除,以防自己或他人滑倒;拔下电源插头时,不要拉导线而要拉插头本身;不要用湿手接触任何电气设备,不要让电缆处于潮湿、油污和炽热的环境中。

二、材料、工量具知识

1. 机油

(1) 机油的质量和黏度标准见表 1-5。

机油质量和黏度标准 表 1-5

标准名称	标准描述
API 质量标准	美国石油协会规定的质量分类标准,在世界范围内得到广泛使用。目前,汽油发动机机油的等级分类从 SA～SM。其中"S"后的字母顺序越靠后,表示该等级机油的品质越高。柴油发动机机油则是用字母"C"标识。"C"后的字母顺序越靠后,品质越高
SAE 黏度标准	美国汽车工程师协会制定的机油黏度标准。从 SAE 标识的数字中,可以判断该等级机油所适应外界气温的范围,如 10W-30。多级机油可适用于更宽的温度范围。如 SAE10W-30,前一个数字越小(如 10),油在低温时变硬的可能越小,低温起动性能好;第二个数字越大(如 30),油在高温下变稀的可能越小,行驶性能好。"W"表示"冬季",表示这个黏度是适用于低温
ILSAC 日美标准	由日美两国汽车工业协会联合制定,质量标准较严格。其中,设有名为 GF-3 的机油标准,该标准要求除满足 API-SL 品质等级以上的各项要求外,还必须通过新型节省燃油性能测试。因此,ILSAC 标准是集节省燃油、高品质为一体的质量体系
ACEA 欧洲标准	欧洲汽车制造业对于汽车用润滑油的检验认证标准

(2)机油选用及注意事项。

夏季可用高温稳定性较好的机油,即 SAE 数值偏大的机油,如 5W-30 改为 5W-40 或 10W-30 改为 5W-40;冬季可用低温起动性好的机油,即 SAE 数值偏小的机油,如 10W-30 改为 5W-30 或 5W-40。行驶里程超过 10 万 km 或车龄在 10 年以上时,可用黏度高的 5W-40。

注意事项:柴油机和汽油机对机油的要求不同,不能互用;机油会因氧化或受热等原因而变质,要定期更换。

2. 变速器油

变速器油分为手动变速器油(MT)和自动变速器油(AT)等。手动变速器油又称为齿轮油,作用是润滑;自动变速器油(ATF)具有润滑、传力和冷却的作用,两者不能混用。

3. 制动液

制动液是液压制动系统中传递制动压力的液态介质,主要作用是传递液压力。车用制动液一般按 DOT 进行分类,分为 DOT3(醇醚型)、DOT4(酯型)、DOT5(硅油型)三种。不同品牌的制动液混用,容易造成化学反应腐蚀管路和橡胶。

4. 动力转向液

汽车动力转向液是动力转向辅助系统的液压力传输介质,起传递转向力和缓冲作用。常用的动力转向助力液的型号是 Dexron。动力转向助力油具有腐蚀性,对车辆油漆和人体有害。

5. 冷却液的分类、选用及注意事项

(1)冷却液主要分为乙二醇型和丙二醇型冷却液,普遍使用的是乙烯乙二醇类冷却液。冷却液的重要指标是冷却液的冰点,主要有 -25 号、-30 号、-35 号、-40 号、-45 号和 -50 号,由高到低依次排列。冷却液选用要依据生产厂家指引、运行地区气候、汽车发动机特点等。

(2)注意事项。不同品牌或同一品牌不同型号的冷却液不能混用;冷却液属于危险废物,需按规定回收。

6. 润滑油(脂)选用与加注方法

润滑脂多是半固体,最为广泛使用的润滑脂是皂基润滑脂,其他常用润滑脂有钙基、钠基、钙钠基、复合钙基和锂基等润滑脂。常见润滑脂的性能及用途见表1-6。

常见润滑脂的性能特点　　表 1-6

润滑脂种类	性　　能	用　　途
钙基润滑脂	抗水性好,耐热性差,使用寿命短	适用于汽车轮毂轴承、底盘拉杆球节、水泵轴承、分电器凸轮等部位
钠基润滑脂	耐热性好,抗水性差,有较好的挤压减摩性能	适用于低速高负荷轴承,不能用在潮湿环境或水接触部位
钙钠基润滑脂	耐热性、抗水性介于钙基和钠基脂之间	适用于不太潮湿条件下滚动轴承,如底盘、轮毂等处的轴承
复合钙基润滑脂	较好的机械安定性和胶体安定性耐热性好	适用于汽车轮毂轴承等处的润滑
锂基润滑脂	良好的机械安定性、胶体安定性、防锈性、氧化安定性、抗水性	适用于汽车轮毂轴承、水泵、发电机等各摩擦部位润滑,车辆普遍推荐用此油脂

润滑脂加注常用方法有人工加注和泵集中加注两种。需要注意的是:加注润滑脂要适量;不同类型、不同型号的润滑脂不能混用;加注润滑脂时应将旧润滑脂挤出,直到见到新润滑脂为止。

一、实训资源

(1)实训场地:汽车维护工位1个。
(2)实训车辆:丰田轿车或发动机台架。
(3)工具耗材与设备:零件车、工具车(含常用工具、专用工具、抹布等)及危废物收集器、维修手册。

二、安全注意事项

(1)拆装作业前须做好车辆防护,安装相应的防护垫和防护套。
(2)按安全操作规程操作举升机、电动和气动工具。
(3)作业过程做到工量具、设备零部件、油污不落地,按规定处理操作产生的危险废物,做好完工检查及5S管理。

三、操作过程

1.发动机一级维护作业

发动机一级维护操作方法及说明见表1-7。

发动机一级维护操作方法及说明   表1-7

步骤	操作方法及说明	质量标准及记录
1.发动机舱检查	(1)检查发动机冷却液液面; (2)检查发动机机油; (3)检查制动液液面; (4)检查各系统有无渗漏和损坏; (5)完工检查、整理	□螺栓连接牢固 □无渗漏和损坏

续上表

步　　骤	操作方法及说明	质量标准及记录
2. 更换机油和机油滤清器	(1)停稳车辆,安放好防护的垫套,起动发动机至正常工作温度后关闭,安装防护的垫、套; (2)打开发动机舱盖,松开机油加注口盖; (3)举升车辆,检查油底壳、油封、放油塞等有无渗漏; (4)拆卸放油塞和密封垫圈,回收旧机油; (5)用专用工具拆卸机油滤清器,检查、清洁滤清器座表面; (6)在新的机油滤清器垫片上涂抹适量机油,用手轻缓地将机油滤清器安装就位并上紧直到垫片到底座,再用专用工具按要求拧紧; (7)更换放油塞或密封垫圈,并按规定力矩拧紧; (8)放下车辆,按规定数量和标号加注新机油,安装机油加注口盖; (9)起动发动机运行5min后关闭,经过5min(或稍长)后,通过机油尺检查油液面,液面应在规定范围内	□系统无渗漏 □机油液面要符合规定 更换机油和机油滤清器
3. 清洁空气滤芯	(1)拆卸进气管和空气滤清器盖,检查滤芯,必要时更换滤芯; (2)用压缩空气按与进气流相反的方向清洁滤芯,并清洁滤清器壳内的灰尘; (3)安装清洁后的空气滤芯或新的滤芯; (4)装上壳体盖和进气软管,用卡箍紧固; (5)完工检查、整理	□压缩空气的压力≤300kPa □空气滤芯清洁有效 □连接紧固 清洁空气滤清器
4. 检查冷却液的液面高度和冰点	(1)检查冷却液的液面高度,液位应在LOW和FULL之间; (2)如液面下降幅度不大,则添加冷却液至合适的高度;如液面下降幅度较大,则需检查水泵、散热器及连接处是否有泄漏; (3)检查冷却液的冰点,可用冷却液冰点折射仪进行检测	□应在发动机热车、点火开关关闭状态下检查冷却液泄漏 □热车打开散热器盖时(如有),要防止冷却液溢出伤人 检查冷却液液位

2. 底盘一级维护作业

底盘一级维护作业操作方法及说明见表1-8。

底盘一级维护作业操作方法及说明　　　　　　　　表1-8

步　骤	操作方法及说明	质量标准及记录
1. 变速器维护	(1) 检查变速器有无渗漏，各连接是否紧固； (2) 检查变速器齿轮油液面的高度是否在规定标线内； (3) 确保变速器通气孔清洁通畅	□变速器有无渗漏、连接紧固 □油液面高度符合规定 □通气孔清洁、通畅
2. 制动系统维护	(1) 检查制动液液面是否正常范围，必要时添加制动液； (2) 检视制动液的稠度和颜色是否正常，必要时更换制动液； (3) 检视制动管路有无泄漏； (4) 更换新的制动液后需对制动系统进行排气	□制动液液面正常 □制动管路有无泄漏 检查制动管路
3. 驱动桥及传动装置维护	(1) 清洁传动轴和万向节； (2) 检查各连接螺栓、螺母是否紧固； (3) 检查各润滑脂油嘴是否完好，必要时加注润滑脂； (4) 检查壳体是否有渗漏； (5) 检查润滑油量是否合适，必要时添加	□螺栓螺母连接牢固，无松动 □无渗漏

续上表

步　骤	操作方法及说明	质量标准及记录
4.转向系统维护	(1)检查系统的各轴承和球销,横直拉杆的球销是否正常; (2)检查转向器是否有渗漏; (3)检查转向器、传动机构连接有无松动; (4)检查动力转向系统油液的液面是否正常,必要时添加	□螺栓连接牢固 □球头无松动 □转向灵便 □油液无渗漏
5.车轮和轮胎维护	(1)紧固轮胎螺栓,检查轮胎气门嘴是否完好和漏气; (2)检查轮胎(包括备胎)气压,必要时按标准补齐; (3)检视轮胎花纹中的夹石子和杂物,必要时清除; (4)检查轮胎磨损情况,轮胎花纹的深度应在规定范围	□轮胎(备胎)气压正常 □轮胎无不正常磨损 □轮胎花纹深度≥1.6mm(磨损标志)

3．电器一级维护作业

电器一级维护作业操作方法及说明见表1-9。

电器一级维护作业操作方法及说明　　　　表1-9

步　骤	操作方法及说明	质量标准及记录
1.检查灯光、仪表及信号系统	(1)操纵灯光组合开关,检查各种灯光是否正常; (2)挂上倒车挡,检查倒车灯(两人配合); (3)踩下制动踏板,检查制动灯(两人配合); (4)检查车内照明设备功能; (5)打开点火开关,检查仪表及警示灯功能	□灯光组合开关功能正常 □全车灯光、仪表、信号系统齐全有效

续上表

步骤	操作方法及说明	质量标准及记录
2. 检查各辅助系统	(1) 按压喇叭开关,检查喇叭功能是否正常; (2) 清洁风窗玻璃的刮水器喷嘴和刮水片; (3) 打开风窗玻璃喷洗器和刮水器,观视其功能是否正常; (4) 检查中控门锁、车内车门锁、行李舱门锁、遥控器等的功能是否正常; (5) 检查电动后视镜的功能; (6) 检查电动座椅、电动车窗、天窗的功能	□喇叭功能正常 □刮水器和喷水器功能正常 □中控门锁、车内车门锁、行李舱门锁、遥控器等功能正常 □电动后视镜功能正常 □电动座椅、电动车窗、天窗功能正常
3. 空调系统维护	(1) 起动发动机至正常工作温度,打开所有车窗; (2) 打开空调,温度调至最低,风量调至最大,按下 A/C 开关,空气循环调至外循环、发动机的转速稳定在 2000r/min; (3) 用温度计检查空调出风口的温度,应符合维修手册要求; (4) 把空调温度开关调至最高温度,同样方法检查制热效果; (5) 检查空调系统有无渗漏	□空调的出风量、制冷功能、制热功能正常 □空调系统无渗漏 检查制冷效果
4. 检查蓄电池极桩及电量	(1) 在发动机未起动状态下,检查蓄电池接线是否牢固,需要时清洁和紧固极桩; (2) 检查蓄电池外观,有无裂纹和漏液。需要时更换电池; (3) 检查蓄电池的液位(如有),视情况补充; (4) 检查蓄电池的电量,若不正常,则需处理或更换蓄电池	□电池极桩清洁 □电缆连接牢固 □蓄电池壳无裂纹和漏液 □蓄电池液正常 □蓄电池电量正常

汽车一级维护考核评分记录见表1-10。

汽车一级维护考核评分记录表　　　　　表1-10

类别	序号	项 目	考核内容及要求	配分	评分标准 (各项配分扣完为止)	得分
专业知识 (20分)	1	汽车一级维护	汽车一级维护项目、作业内容和技术要求	5	能描述故障原理和诊断方法,每错一处,扣1分,扣完为止	
	2	油液和危废物知识	机油、冷却液的分类、选用、更换及安全事项,危废物相关知识	10	能描述故障原理和诊断方法,每错一处,扣1分,扣完为止	
	3	发动机机舱检查	发动机机油、冷却液泄漏检查	5	能描述故障原理和诊断方法,每错一处,扣1分,扣完为止	
技能操作 (80分)	1	清洁滤清器和更换机油	能清洁、更换空气滤清器、机油及机油滤清器	20	规范完成操作流程,每错一处,扣1分,扣完为止	
	2	检查车轮外和轮胎	能检查车轮外观损伤、轮胎花纹深度和轮胎气压	20	规范完成操作流程,每错一处,扣1分,扣完为止	
	3	空调系统和蓄电池功能检查	能检查空调系统功能	20	规范完成操作流程,每错一处,扣1分,扣完为止	
	4	正确使用工具、设备、材料	工具、设备使用正确	5	一种工具、设备、材料使用不正确,扣2分 损坏、丢失一件工具,不得分	
	5	操作规程	操作规程执行情况	10	违反操作规程,不得分	
	6	清理现场(5S管理)	清理、整理并回收工具和设备	5	少收一件工具、设备,扣1分	
		分数总计		100	最终得分	

考核员签字:_____　　　　　　　　　　　　日期:_____年___月___日

任务2　汽车二级维护(四级)

▶ 建议学时:2学时

 考核要求

一、知识要求

1. 掌握发动机二级维护项目、作业内容和技术要求。
2. 掌握进(排)气系统密封性检查技术要求。
3. 掌握发动机传动带检查调整操作方法和技术要求。
4. 掌握正时传动带、正时链条更换操作方法和技术要求。
5. 掌握发动机悬置总成更换操作方法和技术要求。
6. 掌握底盘二级维护项目、作业内容和技术要求。
7. 掌握二级维护竣工检测项目、技术要求。
8. 掌握二级维护作业安全注意事项。

二、技能要求

1. 能更换燃油滤清器。
2. 能检查进(排)气系统及其泄漏。
3. 能检查、调整及更换发动机传动带。
4. 能检查、更换发动机正时传动带或正时链条。
5. 能更换发动机悬置总成。
6. 能检查、调整离合器踏板、制动踏板自由行程。
7. 能检查万向节、传动轴技术状况。
8. 能检查、调整转向拉杆及球头。
9. 能检查悬架弹簧、减振器技术状况。
10. 能检查、调整轮毂轴承间隙。
11. 能检查、调整制动器和更换制动蹄摩擦片(含驻车制动器)。

任务准备

汽车二级维护是在完成一级维护作业后,以检查、调整转向节、转向摇臂和悬架等经过一定时间使用后容易磨损或变形的安全机件为主,并拆检轮胎,进行轮胎换位,检查调整发动机工况和排气污染控制装置等,由专业技术人员执行的车辆维护作业。

汽车二级维护是一次以消除隐患为目的,恢复车辆安全和技术性能的作业。因此,汽车二级维护的作业内容要全面和彻底。汽车二级维护作业内容和技术要求见表1-11。

汽车二级维护的作业内容和技术要求　　　　表1-11

项　　目	作业内容	技术要求
发动机维护	(1)更换燃油滤清器； (2)检查进(排)气系统及其泄漏情况； (3)检查、调整及更换发动机传动带； (4)检查、更换发动机正时传动带或正时链条； (5)更换发动机悬置总成	(1)能更换燃油滤清器； (2)能检查进(排)气系统及其泄漏； (3)能检查、调整及更换发动机传动带； (4)能检查、更换发动机正时传动带或正时链条； (5)能更换发动机悬置总成
底盘维护	(1)检查、调整离合器踏板、制动踏板自由行程； (2)检查万向节、传动轴技术状况； (3)检查、调整转向拉杆及球头； (4)检查悬架弹簧、减振器技术状况； (5)检查、调整轮毂轴承间隙； (6)检查、调整制动器和更换制动蹄摩擦片(含驻车制动器)	(1)能检查、调整离合器踏板、制动踏板自由行程； (2)能检查万向节、传动轴技术状况； (3)能检查、调整转向拉杆及球头； (4)能检查悬架弹簧、减振器技术状况； (5)能检查、调整轮毂轴承间隙； (6)能检查、调整制动器和更换制动蹄摩擦片(含驻车制动器)

一、实训资源

(1)实训场地：汽车维护工位1个。
(2)实训车辆：丰田轿车或发动机台架。
(3)工具耗材与设备：零件车、工具车(含常用工具、专用工具、抹布等)及危废物收集器、维修手册。

二、安全注意事项

(1)拆装作业前须做好车辆防护，安装相应的防护垫和防护套。
(2)按安全操作规程操作举升机、电动和气动工具。
(3)作业过程做到工量具、设备零部件、油污不落地，按规定处理操作产生的危险废物，做好完工检查及5S管理。

三、操作过程

1. 发动机二级维护作业

发动机二级维护作业操作方法及说明见表1-12。

发动机二级维护作业操作方法及说明 表1-12

步骤	操作方法及说明	质量标准及记录
1. 更换燃油滤清器	(1) 释放燃油系统压力。从熔断器中拆卸燃油泵熔断丝,起动发动机运转至油管内燃油耗尽而熄火; (2) 拆卸安装架的螺栓,松开油管卡箍,拔出软管,断开进/出油管,拆卸燃油滤清器; (3) 按滤清器箭头指向燃油流动方向,连接进/出油管并用卡箍紧固,安装燃油滤清器安装架及新的燃油滤清器; (4) 安装燃油泵熔断丝并起动发动机,检查燃油滤清器及油管连接处有无泄漏	□拆卸燃油滤清器前先排空油管的燃油 □燃油滤清器及油管连接处无泄漏 更换燃油滤清器
2. 检查发动机进(排)气系统密封性	(1) 用真空表检测发动机进气管的真空度,判断进气系统的密封性,如真空度不符合维修手册的规定,要进一步检查进气系统的泄漏,视情修理; (2) 检视排气系统有无泄漏,排气管有无破损,排气管螺栓有无松动,排气噪声是否正常	□进气管的真空度符合维修手册规定 □排气系统无泄漏,排气管完好 □O形密封圈完好 □排气管螺栓牢固 □排气噪声正常
3. 发动机传动带检查、更换	(1) 在拆卸传动带前做好方向标记; (2) 松开发电机的固定螺栓,移动发电机,取下传动带; (3) 松开空调压缩机的固定螺栓和传动带的张紧轮,拆下传动带并检查,是否需更换; (4) 按方向标记安装传动带,调整传动带的张紧度至合适	□传动带无脱层、龟裂或变形 □传动带的张紧度参考值:新带为700～800N;旧带为550～750N

续上表

步　骤	操作方法及说明	质量标准及记录
4.发动机正时传动带更换	（1）拆卸发动机正时传动带。拆下齿形传动带护罩，使用专用工具松开张紧轮； （2）转动曲轴带轮和凸轮轴带轮，将两带轮上的记号分别与齿形传动带的标记对齐； （3）将齿形传动带装到曲轴传动带轮上，然后按凸轮轴传动带轮、张紧轮的顺序安装齿形带 双顶置凸轮轴(DOHC)　　单顶置凸轮轴(SOHC) 正时传动带　张紧轮　导轮　张紧弹簧	□正时传动带的张紧力符合要求 □用手摇转曲轴，确认传动带的标记与曲轴、凸轮轴的记完全对准后，才可起动发动机
5.更换发动机悬置总成	（1）拆除发动机悬置总成上的附件； （2）用钢索将发动机提升托架连接至发动机提升装置上，紧钢索直至张紧，拆除紧固悬置总成的螺栓； （3）拉动钢索将发动机提升至合适高度，拆下旧悬置总成； （4）将新悬置总成安装到位并装上贯穿螺栓，放下发动机总成，紧固贯穿螺栓，移除发动机提升托架	□悬置总成安装正确 □螺栓连接牢固

2.底盘二级维护作业

底盘二级维护作业操作方法及说明见表1-13。

底盘二级维护作业操作方法及说明　　　　　　　　　　表1-13

步　骤	操作方法及说明	质量标准及记录
1.离合器踏板的自由行程检查与调整	（1）取下分离叉复位弹簧并扳动分离叉，检测分离叉外端的移动量（约4mm），此间隙可通过调整离合器主缸推杆的长度来调整； （2）轻压离合器踏板至微有阻力，检测主缸推杆与活塞之间的间隙（约6mm）。此间隙可通过踏板螺栓或主缸推杆长度来调整； （3）检测踏板自由状态和轻压至微有阻力时两次的高度差，即为踏板的自由行程 调节点　调整螺栓　锁止螺母　　调节点　锁止螺母　推杆	□离合器踏板自由行程符合维修手册规定 □各螺栓连接牢固

续上表

步　骤	操作方法及说明	质量标准及记录
2. 制动踏板的自由行程检查与调整	(1) 检测踏板自由状态和轻压至微有阻力时两次的高差,即踏板自由行程; (2) 通过调整液压主缸活塞与活塞推杆之间的间隙来调整踏板的行程(8~15mm)或通过转动主缸活塞推杆与踏板臂连接的偏心螺栓进行调整; (3) 真空助力的制动系统应在发动机熄火并使真空度为零的条件下进行检查或调整	□制动踏板自由行程符合维修手册规定 □各螺栓连接牢固 测量制动踏板的自由行程 调整制动踏板行程
3. 转向拉杆及球头检查与调整	(1) 检视各球头有无渗漏、螺栓有无松脱,拉杆有无弯曲变形; (2) 用手握住销柄向各个方向转动,检查球头有无松旷,手感转动灵活稍有阻力为宜,如松旷则调整或更换; (3) 检查球销与球座有无磨损,球节内预紧弹簧的张力是否正常。完工检查	□转向拉杆变形量应≤2mm □球头渗漏、螺栓连接牢固 □拉杆无弯曲变形
4. 万向节、传动轴技术状况检查	进行一级维护的项目外,还应进行如下作业: (1) 检查传动轴有无弯曲、平衡块有无脱落、橡胶防尘罩有无裂纹、损坏,卡箍是否牢固; (2) 检查万向节有无松旷,十字轴轴承有无轴向和径向的松动、异响; (3) 中间支承轴承有无松旷、异响,橡胶垫圈有无破损; (4) 检查各轴承润滑情况,是否需添加润滑脂	□传动轴无弯曲、平衡块无脱落 □橡胶防尘罩无裂纹、损坏 □万向节十字轴轴承无松动、异响 □中间支承轴承无松旷、异响,橡胶垫圈无破损 □润滑良好

续上表

步骤	操作方法及说明	质量标准及记录
5. 检查悬架弹簧	(1) 检查螺旋弹簧有无断裂、弹性减弱或失效； (2) 检查钢板弹簧有无裂纹、断裂或移位； (3) 检查钢板弹簧各支架、吊耳有无裂纹，U形螺栓的螺纹有无损坏	□ 螺旋弹簧无断裂、失效 □ 钢板弹簧无裂纹、移位 □ 各支架、吊耳无裂纹，U形螺栓无损坏
6. 减振器技术状况检查	(1) 检视减振器有无油液渗漏、螺栓有无松动； (2) 汽车运行后用手触摸减振器筒体，如果筒体发热，表示减振器工作正常。如感觉筒体温度太低，减振器可能缺油或失效，视情修理	□ 减振器无油液渗漏，螺栓连接牢固 □ 工作正常

续上表

步　　骤	操作方法及说明	质量标准及记录
7. 轮毂轴承的检查、调整	(1) 用手推拉轮毂,检查轮毂轴承有无径向和轴向松动; (2) 检查轴承保持架有无缺口、裂纹、松动或滚珠脱出; (3) 检查轮毂轴承的滚珠、滚道有无伤痕、剥落、黑斑或烧损; (4) 调整轮毂轴承的螺母,以规定力矩上紧调整螺母,按规定力矩锁紧螺母,插上定位销等	□轮毂能自由旋转,无明显的轴向松动和摆动 □无油液渗漏 □螺栓连接牢固 检查车轮轴承
8. 盘式制动器检查	(1) 检视制动油缸有无渗漏,密封圈及防尘罩有无老化; (2) 检视制动块有无油污、裂纹,磨损是否到极限(可用游标卡尺测量厚度); (3) 检查内、外制动块的磨损是否均匀。如不均匀则需检修卡钳; (4) 检查制动盘有无裂纹、磨损、变形; (5) 检查卡钳有无沟槽、裂纹,并清洁	□制动油缸无渗漏,密封圈及防尘罩无老化 □制动块磨损在正常范围 □制动盘无裂纹、变形 □检查制动卡钳无沟槽、裂纹、清洁
9. 驻车制动器检查、调整	(1) 检查驻车制动器操纵杆、棘轮是否完好; (2) 举升车辆,检视驻车制动拉索是否完好; (3) 在其操纵杆拉紧和放松状态下,检查驻车制动器是否有效和车轮能否自由转动; (4) 拉紧操纵杆,检查后轮棘爪在齿扇的位置,如不符合规定,则调整驻车制动器操纵杆的调整螺母	□驻车制动拉索完好 □各连接牢固 □驻车制动器功能有效

汽车二级维护考核评分记录见表1-14。

汽车二级维护考核评分记录表　　　　　　表1-14

类别	序号	项　　目	考核内容及要求	配分	评分标准（各项配分扣完为止）	得分
专业知识（20分）	1	二级维护项目	汽车二级维护项目、作业内容和技术要求	10	能描述故障原理和诊断方法，每错一处扣1分，扣完为止	
	2	发动机传动带检查与调整	发动机传动带检查调整操作方法和技术要求	5	能描述故障原理和诊断方法，每错一处扣1分，扣完为止	
	3	正时传动带、正时链条更换	正时传动带、正时链条更换操作方法和技术要求	5	能描述故障原理和诊断方法，每错一处扣1分，扣完为止	
技能操作（80分）	1	燃油滤清器更换	能更换燃油滤清器、进行危废物收集处理	20	规范完成操作流程，每错一处扣1分，扣完为止	
	2	离合器踏板调整	能检查、调整离合器踏板、制动踏板自由行程	20	规范完成操作流程，每错一处扣1分，扣完为止	
	3	悬架弹簧和减振器检查	能检查悬架弹簧、减振器技术状况	20	规范完成操作流程，每错一处扣1分，扣完为止	
	4	正确使用工具、设备、材料	工具、设备使用正确	5	一种工具、设备、材料使用不正确，扣2分	
					损坏、丢失一件工具，不得分	
	5	操作规程	操作规程执行情况	10	违反操作规程，不得分	
	6	清理现场（5S管理）	清理、整理并回收工具和设备	5	少收一件工具、设备，扣1分	
分数总计				100	最终得分	

考核员签字：_____　　　　　　　　　　　　　日期：_____年___月___日

项目二　汽车发动机检修

项目描述

汽车发动机检修是目前汽车维修中常见的维修项目,为了确保发动机正常使用,需要对发动机进行规范的拆卸、检修、安装作业,从而排除发动机存在的机械故障。同时,发动机检修是汽车机电维修工作人员必须掌握的技能之一。

本项目通过对汽车维修工在检修发动机时需要的发动机结构、工作原理等知识进行介绍,结合规范拆装发动机附件、发动机总成的操作练习,从而让读者学会检修发动机的技术特点和操作方法。

任务1　发动机附件拆装(五级)

▶ 建议学时:4学时

一、知识要求

1. 掌握发电机总成拆装技术要求。
2. 掌握起动机总成拆装技术要求。
3. 掌握液压转向助力泵总成拆装技术要求。
4. 掌握曲轴前传动带(轮扭转减振器)拆装技术要求和专用工具使用。

二、技能要求

1. 能拆装发电机总成。
2. 能拆装起动机总成。
3. 能拆装液压转向助力泵总成。
4. 能拆装曲轴前传动带轮(扭转减振器)。

任务准备

一、发动机附件基础知识

发动机附件是指保证车辆正常工作所需要的各种附属装置,包括发电机、起动机、液压助力转向泵、曲轴前传动带等。

二、发动机附件主要部件

1. 发电机

发电机是汽车的主要电源,发电机分为直流发电机和交流发电机,因其结构不同,又分为有刷电机和无刷电机。现代汽车普遍采用无刷交流发电机。

2. 起动机

汽车起动机是发动机起动系统的重要组成部件。按传动机构和控制机构不同,起动机分为永磁式起动机、励磁式起动机、直接操作式起动机、电磁操作式起动机等。现代汽车广泛使用电磁操作式起动机,其操作简便、省力,可实现远距离控制。

3. 液压转向助力泵

液压转向助力泵是液压助力转向系统的供能装置。液压助力系统由转向助力泵、高压油管、回油管、转向器、油量调节阀和动力气缸等组成。液压转向助力泵分为齿轮式、转子式、叶片式等。现代汽车广泛采用叶片式转向助力泵,其具有结构紧凑、工作稳定、性能稳定、寿命长等优点。

4. 传动带

按断面形状不同,传动带一般分为V形带、多楔带等。现代汽车普遍采用多楔带,其具备传动功率大、结构紧凑等优点。

任务实施

一、实训资源

(1)实训场地:发动机维修工位1个。
(2)实训车辆:丰田轿车或发动机台架。
(3)工具耗材及设备:零件车、工具车(含常用工具、专用工具、抹布等)及危废物收集器、维修手册。

二、安全注意事项

(1)拆装作业前须做好车辆防护,安装相应的防护垫和防护套。
(2)按安全操作规程操作举升机、电动和气动工具。
(3)作业过程做到工量具、设备零部件、油污不落地,按规定处理操作产生的危废物,做好5S管理。

三、操作过程

1. 发电机总成拆卸

发电机总成拆卸操作方法及说明见表2-1。

发电机总成拆卸操作方法及说明　　　　　　　　　表2-1

步　骤	操作方法及说明	质量标准及记录
1. 拆卸发电机总成	（1）断开蓄电池负极端子电缆，拆卸散热器支架开口盖、空气滤清器进气口； （2）松开螺母并断开蓄电池负极端子电缆； （3）对蓄电池负极进行必要保护； （4）拆下散热器支架开口盖； （5）拆下空气滤清器进气口	□蓄电池负极保护可靠 □零部件放置于零件车 □使用专用工具保护螺栓
2. 拆卸传动带	（1）逆时针转动多楔带张紧器总成，松开传动带； （2）逆时针转动传动带张紧器总成以对准孔，然后插入六角扳手将传动带张紧器总成固定到位； （3）拆下传动带	□检查传动带正常 □传动带挂置在零件车上，避免油污
3. 拆卸发电机总成	（1）拆下端子盖、断开线束和连接器； （2）分离线束卡夹、拆下螺栓螺母； （3）拆下发电机总成	□发电机放置在零件车

2.发电机总成安装与检查

发电机总成安装与检查操作方法及说明见表2-2。

发电机总成安装与检查操作方法及说明　　　　　　　　　表2-2

步　骤	操作方法及说明	质量标准及记录
1.安装发电机总成	(1)安装线束卡夹到发电机总成上； (2)安装发电机总成,结合线束卡夹、连接器； (3)安装端子盖	□卡夹安装到位 □发电机总成安装可靠 □端子盖安装可靠
2.安装传动带	(1)安装传动带并检查； (2)逆时针转动带张紧器,并拆下六角扳手	□传动带正确固定在各带轮上 □传动带张紧度合适
3.安装滤清器进气口、散热器、盖,连接蓄电池负极	(1)安装滤清器进气口、散热器支架开口盖； (2)连接蓄电池负极端子电缆并紧固螺母	□蓄电池负极连接可靠 □重新连接电缆后,需要按要求进行初始化
4.检查发电机	(1)顺时针、逆时针转动发动机传动带轮,逆时针自由转动,顺时针锁止； (2)发电机传动带轮转动平稳,无异响	□如无锁止,需进一步检查 □传动带轮转动不平稳,有异响,需更换新的总成

3.起动机总成拆卸

起动机总成拆卸操作方法及说明见表2-3。

起动机总成拆卸操作方法及说明　　　　　　　　表2-3

步　骤	操作方法及说明	质量标准及记录
1.断开蓄电池负极端电缆,拆卸发动机底总成、飞轮壳侧盖	(1)松开螺母并断开蓄电池负极端子电缆; (2)对蓄电池负极进行必要保护; (3)拆下发动机底罩总成; (4)拆下飞轮壳侧盖	□蓄电池负极断开可靠 □底罩总成放置在零件车上 □飞轮壳侧盖放置在零件车上
2.拆卸起动机总成	(1)断开压缩机连接器和机油油位传感器连接器,分离线束卡夹; (2)断开起动机连接器和线束; (3)拆下起动机总成	□线束连接器完好 □起动机放置在零件车上

4.起动机总成安装与检查

起动机总成安装与检查操作方法及说明见表2-4。

起动机总成安装与检查操作方法及说明　　　　　　　　表2-4

步　骤	操作方法及说明	质量标准及记录
1.安装起动机总成	(1)安装起动机总成; (2)将线束连接到端子30上,连接连接器,结合卡夹	□起动机安装可靠 □端子安装可靠

续上表

步骤	操作方法及说明	质量标准及记录
2.安装飞轮壳侧盖、发动机底罩,连接蓄电池负极端子	(1)安装飞轮壳侧盖; (2)安装发动机底罩; (3)连接蓄电池负极端子电缆并紧固螺母; (4)重新连接电缆后,需要按要求进行初始化	□卡爪无变形 □蓄电池负极连接可靠
3.起动机总成检查	防止检查过程中有大电流,须使用粗电缆 (1)将蓄电池正极引线链接到SL1; (2)蓄电池负极引线接到起动机壳体,离合器小齿轮向外移动;断开负极引线,离合器小齿轮向内返回; (3)蓄电池和AC/DC 400A探针链接到起动机总成,起动机转动,电流值低于130A	□蓄电池正负极引线正确 □起动机小齿轮无动作,更换新的磁力开关 □如起动机不工作,则更换磁力开关和继电器

5.液压助力转向泵拆卸

液压助力转向泵拆卸操作方法及说明见表2-5。

液压助力转向泵拆卸操作方法及说明　　　　　　表2-5

步骤	操作方法及说明	质量标准及记录
1.举升车辆,排放油液	(1)举升车辆至合适位置; (2)打开助力油壶,左右转动转向盘,同时抽取油液	□车辆举升可靠 □油液不落地,如落地,需及时清洁
2.拆卸传动带、助力泵传动带轮、供油管	(1)逆时针转动多楔带张紧器总成,松开传动带; (2)逆时针转动传动带张紧器总成以对准孔,拆下传动带; (3)拆开油管螺栓、取下油管和垫片	□传动带挂置在零件车上,避免油污 □传动带轮挂置在零件车上 □供油管可靠放置,放置抹布避免油液外溢

续上表

步　骤	操作方法及说明	质量标准及记录
3.拆卸助力泵总成	拆卸助力转向泵固定螺栓	□助力转向泵总成放置零件车

6.液压助力转向泵安装与检查

液压助力转向泵安装与检查操作方法及说明见表2-6。

液压助力转向泵安装与检查操作方法及说明　　　　表2-6

步　骤	操作方法及说明	质量标准及记录
1.安装助力转向泵、油管、传动带	(1)安装固定螺栓； (2)安装供油管、高压油管； (3)安装传动带轮和传动带	□助力转向泵安装可靠 □油管安装可靠 □传动带安装正确、可靠
2.添加助力油	(1)向油壶内加注新的油液，至油液上限； (2)起动发动机，左右转动转向盘，至油壶没有气泡产生，并补充油液至上限	□油液不落地，如落地，需及时清洁 □油液加注至油壶液位上限
3.检查助力转向泵	(1)转动转向盘，油壶是否有气泡； (2)转向助力泵、油管是否有泄漏	□油壶无气泡 □转向泵、油管无泄漏

7. 曲轴前传动带拆卸

曲轴前传动带拆卸操作方法及说明见表2-7。

曲轴前传动带拆卸操作方法及说明　　　　　表2-7

步骤	操作方法及说明	质量标准及记录
1. 拆卸发动机后部右侧底罩	从车辆上拆下螺钉、7个卡子和发动机后部右侧底罩	□螺钉、卡子可靠放置 □零部件可靠放置
2. 拆卸曲轴前传动带	(1)逆时针转动传动带张紧器总成,松开传动带; (2)逆时针转动传动带张紧器总成以对准各孔,然后插入六角扳手以将传动带张紧器总成固定到位; (3)拆下传动带	□检查传动带正常 □传动带挂置在零件车上,避免油污

8. 曲轴前传动带安装与检查

曲轴前传动带安装与检查操作方法及说明见表2-8。

曲轴前传动带安装与检查操作方法及说明　　　　　表2-8

步骤	操作方法及说明	质量标准及记录
1. 安装传动带	(1)安装传动带并检查; (2)逆时针转动传动带张紧器,并拆下六角扳手	□传动带正确固定在各传动带轮上 □传动带张紧度合适
2. 检查传动带	(1)检查传动带有无磨损、破裂或其他损坏痕迹; (2)检查并确认传动带正确安装在楔形槽中	□传动带破损,应更换新的传动带 □如安装不正确,应重新安装,如传动带已脱落,则更换新的传动带

任务评价

发动机附件拆装考核评分记录见表2-9。

发动机附件拆装考核评分记录表　　　　　　　　　　表2-9

类别	序号	项目	考核内容及要求	配分	评分标准（各项配分扣完为止）	得分
专业知识（20分）	1	发电机拆装	发电机的功用、安装位置，能识别发电机类型	5	能描述故障原理和诊断方法，每错一处扣1分，扣完为止	
	2	起动机拆装	起动机的功用、安装位置，能识别起动机类型	5	能描述故障原理和诊断方法，每错一处扣1分，扣完为止	
	3	液压转向助力泵拆装	液压转向助力泵的功用、安装位置，能识别转向助力系统类型	10	能描述故障原理和诊断方法，每错一处扣1分，扣完为止	
技能操作（80分）	1	拆装发电机	发电机拆装步骤和技术要求	20	规范完成操作流程，每错一处扣1分，扣完为止	
	2	拆装起动机	起动机拆装步骤和技术要求	20	规范完成操作流程，每错一处扣1分，扣完为止	
	3	拆装液压转向助力泵	液压转向助力泵拆装步骤和技术要求	20	规范完成操作流程，每错一处扣1分，扣完为止	
	4	正确使用工具、设备、材料	工具、设备使用正确	5	一种工具、设备、材料使用不正确，扣2分	
					损坏、丢失一件工具，不得分	
	5	操作规程	操作规程执行情况	10	违反操作规程，不得分	
	6	清理现场（5S管理）	清理、整理并回收工具和设备	5	少收一件工具、设备，扣1分	
分数总计				100	最终得分	

考核员签字：_____　　　　　　　　　　　　日期：_____年___月___日

任务2　发动机总成拆装和零件清洗(五级)

▶ 建议学时:4学时

 考核要求

一、知识要求

1. 掌握发动机各组件、零部件拆装技术要求。
2. 掌握发动机零部件清洗方法和注意事项。
3. 掌握密封材料、衬垫的分类和使用相关知识。

二、技能要求

1. 能拆装气门室盖和油底壳。
2. 能拆装润滑系统、冷却系统外部部件。
3. 能拆装进(排)气歧管。

 任务准备

一、发动机总成相关部件

1. 气门室盖和油底壳

气门室盖用于遮盖并密封汽缸盖,气门室盖一般安装在发动机顶部,还设置有曲轴箱通风孔、机油加注口,并为传感器、线束、执行器等安装支座。

2. 润滑系统和冷却系统

润滑系统一般由机油泵、机油滤清器、油道、油底壳、限压阀、旁通阀等组成。

冷却系统一般由水泵、散热器、节温器、风扇、水套、膨胀水箱等组成。

3. 进、排气歧管

发动机进、排气的作用是供给发动机新鲜空气,并将燃烧后的废气迅速排出。其中进、排气歧管是与发动机机体直接相连的零件。

二、发动机零件的清洗

发动机零件的清洗,一般包含外部清洗、零件清洗。外部清洗是指在拆卸汽车前应对外部进行清洗,从而清除外表的尘土和油污,便于拆卸顺利,并保持拆卸场所的清洁。零件的清洗一般包含清除油污、清除积碳和清除水垢三种作业。

 任务实施

一、实训资源

(1)实训场地:汽车维护工位1个。

(2)实训车辆:丰田轿车或发动机台架。
(3)工具耗材与设备:零件车、工具车(含常用工具、专用工具、抹布等)及危废物收集器、维修手册。

二、安全注意事项

(1)拆装作业前须做好车辆防护,安装相应的防护垫和防护套。
(2)按安全操作规程操作举升机、电动和气动工具。
(3)作业过程做到工量具、设备零部件、油污不落地,按规定处理操作产生的危废物,做好完工检查及5S管理。

三、操作过程

1. 气门室盖和油底壳的拆卸

气门室盖和油底壳拆卸操作方法及说明见表2-10。

气门室盖和油底壳拆卸操作方法及说明　　表2-10

步骤	操作方法及说明	质量标准及记录
1.拆卸气门室盖	(1)拆下机油加注口盖和加注口盖衬垫; (2)拆下3个发动机盖接头螺栓; (3)拆下气门室盖螺栓、密封垫圈; (4)取下气门室盖	□机油加注口盖和衬垫放置在零件车上 □气门室盖放置在零件车的抹布上,避免油污
2.拆卸油底壳	(1)从油底壳上拆下放油螺塞和衬垫; (2)拆下油底壳螺栓和螺母; (3)切开油底壳和机体涂抹的密封胶,取下油底壳	□放油螺塞放置在零件车上,更换新的衬垫 □油底壳放置在零件车上,避免油污 拆卸油底壳

2. 气门室盖和油底壳的清洗和安装

气门室盖和油底壳的清洗和安装操作方法及说明见表2-11。

气门室盖和油底壳的清洗和安装操作方法及说明 表2-11

步　骤	操作方法及说明	质量标准及记录
1.清洗气门室盖	(1)使用煤油、化清剂清洗气门室盖油泥、火花塞孔、和汽缸盖接触面的残余物； (2)使用压缩空气吹扫灰尘、湿气和油	□不得使用钢丝刷清洁气门室盖 □清洁干净
2.安装气门室盖	(1)安装新的气门室盖衬垫； (2)安装气门室盖，并拧紧螺栓； (3)安装机油加注口盖衬垫和加注口盖	□清除接触面的所有机油 □气门室盖安装可靠
3.油底壳清洗	(1)使用煤油、化清剂清洗油底壳、汽缸体下平面的残余物； (2)使用压缩空气吹扫灰尘、湿气和油	□不得使用钢丝刷清洁汽油底壳和汽缸体接触面 □清洁干净
4.安装油底壳	(1)清除所有残留的密封胶； (2)涂抹密封胶； (3)安装油底壳,并拧紧螺栓	□清除接触面的机油 □密封胶涂抹3min内安装油底壳

3.润滑系统、冷却系统外部部件的拆卸

润滑系统、冷却系统外部部件的拆卸操作方法及说明见表2-12。

润滑系统、冷却系统外部部件拆卸操作方法及说明　　　　表2-12

步　骤	操作方法及说明	质量标准及记录
1.拆卸机油滤清器	(1)使用专用工具,拆下机油滤清器; (2)将拆下的机油滤清器回收至指定回收点	□避免油污落地 □正确回收旧的机油滤清器
2.拆卸机油压力开关	(1)断开发动机机油压力开关连接器; (2)拆下机油压力开关	□线束连接器完好 □机油压力开关清洁并放置于零件车上
3.拆卸散热器	(1)排空冷却液; (2)断开冷却液连接软管; (3)拆下其他连接件,断开旁通水管; (4)断开风扇电机连接器,拆下散热器总成	□线束连接器完好 □冷却液避免落地 拆卸散热器
4.拆卸冷却风扇	(1)拆下螺母和保护罩; (2)断开电气连接器,拆下冷却风扇	□线束连接器完好 □冷却风扇可靠放置于零件车上

续上表

步骤	操作方法及说明	质量标准及记录
5.拆卸水泵	(1)断开水泵电气连接器； (2)拆下螺栓，取下水泵总成； (3)拆下水泵总成衬垫	□线束连接器完好 □水泵可靠放置于零件车上 □衬垫正确回收 拆卸水泵

4.润滑系统、冷却系统外部部件的安装

润滑系统、冷却系统外部部件的安装操作方法及说明见表2-13。

润滑系统、冷却系统外部部件的安装操作方法及说明　　　表2-13

步骤	操作方法及说明	质量标准及记录
1.安装机油压力开关	(1)在机油压力开关上涂抹原厂黏合剂； (2)安装机油压力开关； (3)连接机油压力开关连接器	□黏合剂涂抹3min内安装机油压力开关 □检查安装可靠，无漏油
2.安装机油滤清器	(1)检查新的机油滤清器，并在衬垫上涂抹干净的发动机机油； (2)使用专用工具安装机油滤清器，并施加规定转矩	□机油滤清器更新 □检查安装可靠，无漏油

续上表

步　骤	操作方法及说明	质量标准及记录
3. 安装水泵	(1) 安装新的衬垫； (2) 安装水泵，并拧紧螺栓； (3) 连接电气连接器	□更换新的衬垫 □清洁水泵与机体接触面 安装水泵
4. 安装散热器	(1) 将O形圈安装到放水螺塞上，并安装放水螺塞； (2) 安装散热器总成，拧紧螺栓； (3) 安装风扇罩，连接冷却液软管、旁通软管	□确保冷凝器完好 □确保软管安装可靠，无泄漏 安装散热器
5. 安装冷却风扇	(1) 安装冷却风扇，拧紧螺栓和连接位； (2) 连接冷却风扇电机连接器	□连接器安装可靠

项目二　汽车发动机检修

5. 进、排气歧管拆卸

进、排气歧管拆卸操作方法及说明见表2-14。

进、排气歧管拆卸操作方法及说明　　　　表2-14

步　骤	操作方法及说明	质量标准及记录
拆卸进气歧管	(1) 断开通风软管，取下燃油蒸汽供给软管； (2) 拆卸螺栓，取下进气歧管和进气歧管衬垫； (3) 断开传感器连接器； (4) 拆卸螺母，取下排气歧管和排气歧管衬垫	□软管断开无泄漏，可靠保护 □进气歧管可靠放置于零件车上

6. 进排气歧管安装

进、排气歧管安装操作方法及说明见表2-15。

进、排气歧管安装操作方法及说明　　　　表2-15

步　骤	操作方法及说明	质量标准及记录
1. 安装进气歧管	(1) 依次安装螺栓、新的衬垫、进气歧管、拧紧螺栓； (2) 安装燃油蒸汽供给软管、通风软管	□进气歧管安装可靠 □软管安装可靠
2. 安装排气歧管	(1) 依次安装新的衬垫、排气歧管、拧紧螺栓； (2) 连接传感器连接器，结合线束卡夹，安装隔热罩	□连接器安装可靠 □排气歧管安装可靠

任务评价

发动机总成拆装考核评分记录见表2-16。

发动机总成拆装考核评分记录表　　　　表2-16

类别	序号	项　目	考核内容及要求	配分	评分标准（各项配分扣完为止）	得分
专业知识（20分）	1	气门室盖和油底壳拆装	区分发动机各组件，描述其功用，叙述不同的密封材料、衬垫的分类和使用要求	5	能描述拆装步骤，每错一处扣1分，扣完为止	
	2	润滑系统、冷却系统拆装	润滑系统、冷却系统部件名称与功用	10	能描述拆装步骤，每错一处扣1分，扣完为止	
	3	进排气歧管拆装	进排气歧管部件名称与功用	5	能描述拆装步骤，每错一处扣1分，扣完为止	

续上表

类别	序号	项目	考核内容及要求	配分	评分标准（各项配分扣完为止）	得分
技能操作(80分)	1	拆装气门室盖和油底壳	规范拆装气门室盖和油底壳	20	规范完成操作流程，每错一处扣1分，扣完为止	
	2	润滑系统拆装	规范拆装润滑系统、冷却系统外部部件	20	规范完成操作流程，每错一处扣1分，扣完为止	
	3	进排气歧管拆装	规范拆装进排气歧管总成	20	规范完成操作流程，每错一处扣1分，扣完为止	
	4	正确使用工具、设备、材料	工具、设备使用正确	5	一种工具、设备、材料使用不正确，扣2分	
					损坏、丢失一件工具，不得分	
	5	操作规程	操作规程执行情况	10	违反操作规程，不得分	
	6	清理现场(5S管理)	清理、整理并回收工具和设备	5	少收一件工具、设备，扣1分	
		分数总计		100	最终得分	

考核员签字：_____　　　　　　　日期：_____年___月___日

任务3　发动机技术参数检测（四级）

▶ 建议学时：2学时

考核要求

一、知识要求

1. 掌握汽缸压力及漏气量测试方法。
2. 掌握进气歧管真空度测量方法及要求。
3. 掌握燃油压力测量方法及要求。
4. 掌握尾气排放检测方法及要求。
5. 掌握汽车故障诊断仪操作方法及故障码相关知识。

二、技能要求

1. 能检测汽缸压力和漏气量。
2. 能检测进气歧管真空度。

3.能检测汽油机燃油压力。
4.能检测汽车尾气排放。
5.能使用汽车故障诊断仪。

一、发动机技术参数检测知识

(1)汽缸压力表是一种用于检测发动机汽缸内气体压力的专用量具。

(2)真空表用于检测发动机进气歧管的真空度。

(3)燃油压力表是用来测量燃油系统燃油压力的专用工具。

(4)尾气分析仪是一种能从汽车排气管中采集气样,对其中的气体含量连续进行分析的仪器,对于汽油发动机尾气分析,国内一般采用二气体分析仪。

(5)汽车故障电脑诊断仪用于测试汽车电控系统的故障。现代汽车故障电脑诊断仪可读取和清除故障码、执行元件测试、读取数据流等。

二、故障码结构

汽车故障往往采用OBD Ⅱ的编码形式进行显示,一般由1个英文字母和4个数字组成,如图2-1所示。

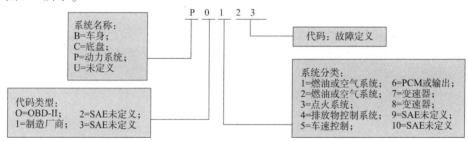

图2-1　OBD Ⅱ故障码结构

一、实训资源

(1)实训场地:汽车维护工位1个。

(2)实训车辆:丰田轿车或发动机台架。

(3)工具耗材与设备:零件车、工具车(含常用工具、专用工具、抹布等)及危废物收集器、维修手册。

二、安全注意事项

(1)拆装作业前须做好车辆防护,安装相应的防护垫和防护套。

(2)按安全操作规程操作举升机、电动和气动工具。

(3)作业过程做到工量具、设备零部件、油污不落地,按规定处理操作产生的危废物,做好完工检查及5S管理。

三、操作过程

1. 检测汽缸压力

检测汽缸压力操作方法及说明见表2-17。

检测汽缸漏气量操作方法及说明　　　　表2-17

步骤	操作方法及说明	质量标准及记录
汽缸漏气量检测	(1)使用压缩空气吹净发动机舱； (2)使发动机至正常工作温度，断开火花塞连接器、喷油器连接器，拆下全部火花塞，安装汽缸压力表； (3)拆下空气滤清器，将节气门全开，起动发动机，带动曲轴转3~5s，待汽缸压力表指针读取最大读数后停止转动； (4)依次量取各汽缸压力，每个汽缸测量不少于两次，每缸测量结果取平均值	□使用压缩空气吹净时，确保灰尘等不落入发动机汽缸 □汽缸压力表安装可靠 □检测时，发动机转动时间不得超过5s，避免损坏起动机

2. 检测进气歧管真空度

检测进气歧管真空度操作方法及说明见表2-18。

检测进气歧管真空度操作方法及说明　　　　表2-18

步骤	操作方法及说明	质量标准及记录
检测进气歧管真空度	(1)起动发动机至正常工作温度； (2)用一根真空管将真空表连接到节气门后的进气管专用接头； (3)变速器挂空挡、发动机怠速运转； (4)在怠速、减速、加速等各种工况下读取真空表数值，结合所在地海拔修整真空度标准值	□发动机达到正常工作温度 □真空表安装可靠 □使用车轮挡块，确保车辆安全

3. 检测汽油机燃油压力

检测汽油机燃油压力操作方法及说明见表2-19。

检测汽油发动机燃油压力操作方法及说明　　　　　　　　表2-19

步　骤	操作方法及说明	质量标准及记录
检测汽油发动机燃油压力	（1）对车辆进行必要防护,放置车轮挡块、接上排气管,释放燃油系统压力,确保安全; （2）连接燃油压力表,检测燃油压力表是否正常; （3）打开点火开关,使燃油泵运转并读取燃油压力表数值; （4）拆卸燃油压力表,复位并确认车辆无漏油	□安装车轮挡块,确保安全 □燃油释放应可靠、彻底,必要时进行火灾预防 □燃油压力表安装可靠 □燃油压力表拆卸后,确认不漏油

4.检测汽车尾气排放

检测汽车尾气排放的工作步骤见表2-20。

车辆尾气排放检测方法工作步骤　　　　　　　　表2-20

步　骤	操作方法及说明	质量标准及记录
车辆尾气排放检测	（1）检查和校准尾气分析仪,接通电源进行预热; （2）检查取样探头和导管是否残留有HC,使发动机工作至正常工作温度; （3）将取样探头插入排气管并固定,结合说明书,控制发动机转速,从而读取不同转速的污染物测量值; （4）测量结束,取出取样探头使其吸入新鲜空气5min,指针归零后关闭电源	□车轮安装车轮挡块,确保安全 □取样探头应充分清洁,避免影响测量结果

5. 使用汽车故障电脑诊断仪

使用汽车故障电脑诊断仪操作方法及说明见表2-21。

使用汽车故障电脑诊断仪操作方法及说明　　　　　表2-21

步骤	操作方法及说明	质量标准及记录
汽车故障电脑诊断仪使用	(1)打开点火开关，将诊断仪连接到车辆OBD接口上，故障电脑开机，进入诊断程序； (2)识别待检测车辆信息，进入汽车诊断功能界面； (3)读取车辆故障码，清除车辆故障码； (4)读取数据流，进行车辆动作测试控制； (5)完成检测后，将诊断仪复位	□车轮安装挡块，确保安全 □故障电脑诊断仪进行动作测试时，应进行必要提醒，确认后方可实施

任务评价

发动机技术参数检测考核评分记录见表2-22。

发动机技术参数检测操考核评分记录表　　　　　表2-22

类别	序号	项目	考核内容及要求	配分	评分标准 (各项配分扣完为止)	得分
专业知识 (20分)	1	汽缸压力测量	汽缸压力及漏气量测试方法	5	能描述测量方法和步骤，每错一处扣1分，扣完为止	
	2	进气歧管真空度测量	进气歧管真空度、尾气排放测量方法及要求	10	能描述测量方法和步骤，每错一处扣1分，扣完为止	
	3	燃油压力测量	燃油压力测量方法及要求	5	能描述测量方法和步骤，每错一处扣1分，扣完为止	
技能操作 (80分)	1	汽缸压力、燃油压力测量	规范检测汽缸压力、燃油压力测量	20	规范完成操作流程，每错一处扣1分，扣完为止	
	2	进气歧管真空度测量	规范检测进气歧管真空度	20	规范完成操作流程，每错一处扣1分，扣完为止	

续上表

类别	序号	项 目	考核内容及要求	配分	评分标准 (各项配分扣完为止)	得分
技能操作 (80分)	3	故障诊断仪使用	规范使用汽车故障诊断仪	20	规范完成操作流程,每错一处扣1分,扣完为止	
	4	正确使用工具、设备、材料	工具、设备使用正确	5	一种工具、设备、材料使用不正确,扣2分	
					损坏、丢失一件工具,不得分	
	5	操作规程	操作规程执行情况	10	违反操作规程,不得分	
	6	清理现场(5S管理)	清理、整理并回收工具和设备	5	少收一件工具、设备,扣1分	
		分数总计		100	最终得分	

考核员签字:_____　　　　　　　　　　日期:_____年___月___日

任务4　曲柄连杆及配气机构检修(四级)

▶ 建议学时:4学时

一、知识要求

1. 掌握曲柄连杆机构组成与工作原理。
2. 掌握汽缸体及汽缸检测技术要求。
3. 掌握活塞、活塞环及活塞销检测技术要求。
4. 掌握连杆及轴承检测技术要求。
5. 掌握飞轮、曲轴及轴承检测技术要求。
6. 掌握公差与配合、形位公差等测量技术相关知识。

二、技能要求

1. 能拆装、检测汽缸体及汽缸套。
2. 能拆装、检测活塞、活塞环及活塞销。
3. 能拆装、检测连杆及轴承。
4. 能拆装、检测飞轮、曲轴及轴承。

5. 能拆装、检测凸轮轴。
6. 能拆装、检测气门组件。
7. 能拆装、检测汽缸盖。

任务准备

1. 汽缸体和汽缸的功用

汽缸体是构成发动机的骨架,发动机主要零件和附件都安装在汽缸体上。汽缸体常见的布置形式有直列型、V型和水平对置型。

汽缸是汽缸体上半部的圆柱形空腔,主要用于活塞在汽缸中运动导向,并与活塞、活塞环一起密封燃烧室。

2. 活塞、活塞环及活塞销的功用

活塞一般由活塞顶部、头部和裙部三部分组成,是承受可燃混合气燃烧后的膨胀压力,并通过活塞销和连杆将压力传递给曲轴、驱动曲轴旋转的部件。

活塞环是安装活塞头部的环状部件,汽油发动机一般采用两道气环、一道油环两种不同的活塞环。气环用于密封汽缸,同时将活塞吸收的部分热量传给汽缸壁;油环用来刮除汽缸壁多余的机油。

活塞销用来连接活塞与连杆,并将气体作用在活塞上的力传递给连杆。活塞销一般是空心圆柱体。

3. 连杆及轴承的功用

连杆由小头、杆身、大头三部分组成,将活塞承受的气体压力传给曲轴,使活塞的往复直线运动转变为曲轴的旋转运动。连杆轴承用于保护连杆轴颈和连杆大头,防止过度磨损。

4. 飞轮、曲轴及轴承的功用

飞轮是用来储存发动机做功行程外的能量和惯性,使发动机运转平稳的部件。飞轮与曲轴、起动机连接,用于起动发动机,同时飞轮还是离合器的组成部件。

曲轴一般由轴颈、曲柄、平衡重、连杆轴颈等组成。其主要用于将活塞连杆组传来的气体压力转变为曲轴的转矩对外输出,驱动配气机构和其他附件装置工作。轴承,即曲轴轴承,安装在汽缸体上,用于保护曲轴,防止过度磨损。

5. 凸轮轴的功用

凸轮轴由凸轮和轴颈组成。其按发动机的工作顺序、配气相位和气门开度的要求控制各汽缸气门的开启和关闭。

6. 气门组件

气门组件是保证实现气门对汽缸的可靠密封。一般包含气门、气门座、气门导管、气门弹簧、气门锁片和油封等。

7. 汽缸盖

汽缸盖的作用是封闭汽缸上部,并与处于上止点时的活塞顶部和汽缸壁构成燃烧室,同时汽缸盖也是某些零件的装配机体。

一、实训资源

(1) 实训场地:汽车维护工位 1 个。
(2) 实训车辆:丰田轿车或发动机台架。
(3) 工具耗材与设备:零件车、工具车(含常用工具、专用工具、抹布等)及危废物收集器、维修手册。

二、安全注意事项

(1) 拆装作业前须做好车辆防护,安装相应的防护垫和防护套。
(2) 按安全操作规程操作举升机、电动和气动工具。
(3) 作业过程做到工量具、设备零部件、油污不落地,按规定处理操作产生的危废物,做好完工检查及 5S 管理。

三、操作过程

1. 拆检汽缸体及汽缸套

拆检汽缸体及汽缸套操作方法及说明见表 2-23。

拆检汽缸体及汽缸套操作方法及说明　　　　　表 2-23

步　骤	操作方法及说明	质量标准及记录
1. 汽缸体变形检查	选用刀口尺和塞尺,开展汽缸体平面度测量 直尺(刀口尺) 塞尺	□检测面清洁 □刀口尺放置可靠
2. 汽缸体裂纹检查	可通过目视检查,对于细微裂纹和内部裂纹,选用水压机进行水压实验	□油液不落地

续上表

步骤	操作方法及说明	质量标准及记录
3.汽缸磨损检查	选用量缸表套装，开展量缸检测	□量缸表组装正确 □量缸过程规范 □百分表放置可靠
4.更换汽缸套	以干式汽缸套为例，当汽缸套存在拉伤、裂纹、偏磨及磨损超过极限时，应更换，步骤如下： (1)使用专用工具，取出旧汽缸套； (2)根据汽缸套承孔大小和修理尺寸，选用新汽缸套； (3)根据新汽缸套外径尺寸进行镗缸，并留有适当的压入过盈量； (4)使用专用工具，压入新汽缸套	□专用工具规范使用 □零部件不落地

2.拆检活塞、活塞环及活塞销

拆检活塞、活塞环及活塞销操作方法及说明见表2-24。

拆检活塞、活塞环及活塞销操作方法及说明　　　　表2-24

步骤	操作方法及说明	质量标准及记录
1.活塞的拆卸	(1)在连杆和连杆盖涂抹标记； (2)拆卸连杆螺栓和连杆盖； (3)推出活塞	□标记涂抹清晰 □零部件放置于零件车上

续上表

步　　骤	操作方法及说明	质量标准及记录
2. 活塞环的拆卸	(1)使用活塞环扩张器,依次拆卸第一道、第二道气环; (2)用手拆卸油环	□活塞环拆卸完好 □活塞环放置于零件车上
3. 活塞销的拆卸	(1)取出活塞销孔卡环; (2)加热活塞到约80℃; (3)使用塑料锤和铜棒,轻敲取出活塞销	□卡环放置可靠 □零部件无损坏
4. 活塞的检查	(1)活塞环槽磨损检查,使用塞尺测量活塞环侧隙; (2)裙部磨损检查,使用外径千分尺测量活塞直径; (3)活塞销孔座磨损检查,使用卡规检查销孔直径; (4)活塞非正常损伤检修,一般用目视检查	□外径千分尺使用规范 □活塞放置可靠
5. 活塞环的检查	(1)活塞环端隙检查,使用塞尺进行测量; (2)活塞环侧隙检查,使用塞尺进行测量; (3)活塞环背隙检查,使用塞尺和游标卡尺进行测量	□塞尺使用前后清洁 □游标卡尺规范使用

续上表

步骤	操作方法及说明	质量标准及记录
6.活塞销的检查	(1) 目视检查活塞销有无明显损伤,如磨损、弯曲等; (2) 使用外径千分尺测量活塞销直径	□活塞销放置于零件车
7.活塞销安装	(1) 将新的活塞销孔卡环安装到活塞销孔的一端; (2) 加热活塞,安装活塞销和另外一个新的卡环; (3) 检查活塞和活塞销装配情况	□活塞销安装可靠
8.活塞环安装	(1) 安装油环; (2) 使用活塞环扩张器安装两道气环; (3) 调整活塞环端部开口位置	□活塞环安装可靠 □活塞环开口调整正确
9.活塞安装	(1) 在汽缸壁、活塞、连杆轴承表面涂抹机油; (2) 确认活塞朝前标记,使用活塞环压缩器,将活塞推入汽缸; (3) 检查连杆盖方向和标记,安装连杆螺栓并紧固; (4) 转动曲轴,确认曲轴转动平稳	□活塞安装正确,标记正确 □活塞安装顺利,无刮碰

3. 拆检连杆及轴承

拆检连杆及轴承操作方法及说明见表2-25。

拆检连杆及轴承操作方法及说明　　　　　　　　　　　表2-25

步　骤	操作方法及说明	质量标准及记录
1. 连杆及轴承拆卸	(1)在连杆和连杆盖涂抹标记； (2)拆卸连杆螺栓和连杆盖； (3)取下连杆轴承	□杆轴承盖标记清晰 □部件放置于零件车抹布上，避免油污
2. 连杆检查	检查连杆直线性和扭曲度，使用连杆校准器和侧隙规	□规范检测连杆
3. 连杆轴承检查	检查连杆轴承径向间隙，一般采用塑料间隙规检验法	□料间隙规使用规范
4. 连杆及轴承安装	(1)检查连杆盖方向和标记； (2)垂直安装连杆螺栓并紧固	□杆盖标记和方向正确 □螺栓紧固

4.拆检飞轮、曲轴及轴承

拆检飞轮、曲轴及轴承操作方法及说明见表2-26。

拆检飞轮、曲轴及轴承操作方法及说明　　　　　表2-26

步　骤	操作方法及说明	质量标准及记录
1.飞轮拆卸	(1)在离合器壳和飞轮上做好装配标记; (2)固定曲轴或飞轮,拆卸飞轮固定螺栓,取下飞轮	□飞轮装配标记正确 □零部件放置于零件车上
2.曲轴及轴承拆卸	(1)拆卸曲轴主轴承盖螺栓,取下主轴承盖; (2)取出曲轴; (3)拆卸曲轴主轴承	□部件放置于零件车抹布上,避免油污 曲轴的拆解
3.飞轮检查	(1)检查齿圈磨损、松动,工作面异常磨损; (2)飞轮壳圆跳动在规定范围内	□检查规范
4.曲轴及轴承检查	(1)检查曲轴裂纹、弯曲度、扭曲变形、轴颈磨损情况; (2)检查曲轴轴向和径向间隙; (3)检查曲轴轴颈与轴承点蚀、划痕情况; (4)检查曲轴轴承油膜间隙	□检查规范 □间隙规使用规范

续上表

步骤	操作方法及说明	质量标准及记录
5.曲轴及轴承安装	(1)在曲轴轴承上涂抹机油,并平稳安装曲轴; (2)确认曲轴轴承盖标记,涂抹机油并安装曲轴轴承盖; (3)安装曲轴轴承盖,并按顺序拧紧螺栓	□承盖标记正确 □螺栓紧固
6.飞轮安装	(1)使用专用工具,固定曲轴传动带轮; (2)在螺栓的螺纹顶部涂抹黏合剂,并按顺序拧紧螺栓	□螺栓紧固

5.拆检凸轮轴

拆检凸轮轴操作方法及说明见表2-27。

拆检凸轮轴操作方法及说明　　　　　　　　　表2-27

步骤	操作方法及说明	质量标准及记录
1.拆卸凸轮轴	(1)依次拆卸凸轮轴轴承盖; (2)依次拆下两根凸轮轴	□凸轮轴正时正确 □凸轮轴放置于工作台,可靠摆放 拆卸凸轮轴

续上表

步骤	操作方法及说明	质量标准及记录
2.检查凸轮轴	(1)检查凸轮轴磨损、弯曲度、轴颈磨损情况; (2)检查凸轮轴轴向间隙、径向间隙	□凸轮轴检查规范 □磁性表座规范使用
3.安装凸轮轴	(1)清洁凸轮轴轴颈; (2)在凸轮轴轴颈、轴承盖涂抹机油; (3)将凸轮轴平稳安装到汽缸盖上,按序依次拧紧轴承盖螺栓	□凸轮轴安装正确 □轴承盖按顺序紧固

6.拆检气门组

拆检气门组操作方法及说明见表2-28。

拆检气门组操作方法及说明　　　　　表2-28

步骤	操作方法及说明	质量标准及记录
1.拆卸气门和气门导管	(1)使用气门弹簧压缩工作,压紧取出气门锁片,依次取下气门弹簧座、气门弹簧、气门; (2)加热汽缸盖,使用专用工具拆下气门导管	□专用工具使用规范 □零部件摆放于零件车抹布上

续上表

步　　骤	操作方法及说明	质量标准及记录
2. 检查气门组件	(1) 检查气门,目视检查外观损伤和气门头部锥面情况; (2) 检查气门杆磨损,使用外径千分尺测量; (3) 检查气门弯曲变形,使用检测台和百分表检查; (4) 检查气门座,目视检查磨损、凹陷、烧蚀情况; (5) 检查气门弹簧,确认裂痕、折断情况,并检查垂直度和长度; (6) 气门导管检查,使用百分表检查气门杆与气门导管的配合间隙	□零部件不落地 □工具使用规范 □百分表使用后摆放可靠
3. 安装气门组件	(1) 加热汽缸盖,使用专用工具安装气门导管; (2) 使用气门弹簧压缩工具,安装气门组件; (3) 使用塑料锤,轻敲气门杆顶部确保正确装配	□专用工具使用规范 □轻敲,无造成其他损伤 □装配正确

7. 拆检汽缸盖

拆检汽缸盖操作方法及说明见表2-29。

拆检汽缸盖操作方法及说明　　　　　　　　　　　表2-29

步　骤	操作方法及说明	质量标准及记录
1.拆卸汽缸盖	(1)依次拆下汽缸盖固定螺栓和平垫圈； (2)平稳取下汽缸盖、汽缸盖衬垫	□依次拆卸螺栓 □零部件放置于工作台，可靠摆放
2.检查汽缸盖	(1)检查汽缸盖裂纹、变形、腐蚀、碰撞、螺纹孔损伤等情况； (2)检查汽缸盖平面度； (3)检查固定螺栓的长度和外径情况	□规范使用测量工具 □检查过程工件摆放可靠
3.安装汽缸盖	(1)在汽缸体表面涂抹密封胶，安装新的汽缸盖衬垫，并再次涂抹密封胶； (2)将汽缸盖平稳安装到机体上，在紧固螺栓上涂抹机油，并依次多次紧固螺栓； (3)擦除汽缸盖和缸体接触面渗出的密封胶	□平稳安装汽缸盖 □螺栓多次按规范紧固

任务评价

曲柄连杆及配气机构检修考核评分记录见表2-30。

曲柄连杆及配气机构检修考核评分记录表　　　　　　　　表 2-30

类别	序号	项目	考核内容及要求	配分	评分标准（各项配分扣完为止）	得分
专业知识(20分)	1	曲柄连杆机构拆装	能叙述曲柄连杆机构组成与工作原理	5	能描述拆装方法和步骤,每错一处扣1分,扣完为止	
	2	汽缸体、活塞总成检测	能叙述汽缸体、汽缸、活塞、活塞环及活塞销检测技术要求	10	能描述检测方法和步骤,每错一处扣1分,扣完为止	
	3	飞轮、曲轴及轴承检测	能叙述飞轮、曲轴及轴承检测技术要求	5	能描述检测方法和步骤,每错一处扣1分,扣完为止	
技能操作(80分)	1	拆检汽缸体及汽缸套	规范拆检汽缸体及汽缸套	20	规范完成操作流程,每错一处扣1分,扣完为止	
	2	拆检曲柄连杆机构	规范拆检曲柄连杆机构	20	规范完成操作流程,每错一处扣1分,扣完为止	
	3	拆检飞轮、凸轮轴、气门组件	规范拆检飞轮、凸轮轴、气门	20	规范完成操作流程,每错一处扣1分,扣完为止	
	4	正确使用工具、设备、材料	工具、设备使用正确	5	一种工具、设备、材料使用不正确,扣2分	
					损坏、丢失一件工具,不得分	
	5	操作规程	操作规程执行情况	10	违反操作规程,不得分	
	6	清理现场(5S管理)	清理、整理并回收工具和设备	5	少收一件工具、设备,扣1分	
分数总计				100	最终得分	

考核员签字:_____　　　　　　　　　　　　　　　日期:_____年___月___日

任务5　燃油、电控系统检修(四级)

▶ 建议学时:2学时

考核要求

一、知识要求

1.掌握燃油供给系统组成、工作原理、检测方法、技术要求及安全注意事项。

2.掌握传感器、执行器的工作原理、检测方法和注意事项。
3.掌握传感器、执行器清洗及更换注意事项。
4.掌握喷油器检测设备使用方法。
5.掌握点火系统电路检测方法及技术要求。

二、技能要求

1.能检测燃油供给系统密封性能。
2.能检测各传感器技术状况。
3.能检测各执行器技术状况。
4.能检测点火系统电路。
5.能检查和校正点火正时。

📚 任务准备

1.燃油供给系统的功用
燃油供给系统由汽油箱、电动汽油泵、汽油滤清器、燃油分配管、油压调节器、喷油器和连接油管组成。

2.传感器、执行器的技术状况
现代汽车上电子控制系统一般由传感器、电控单元、执行器组成。
(1)传感器用来检测发动机运行状态的各种电量、物理量和化学量等参数,并将这些参数转变为电信号,通过线路输送给电控单元(ECU)。发动机传感器有空气流量传感器、曲轴位置传感器、冷却液温度传感器等。
(2)执行器是执行电控单元发出的命令并能够完成某项功能的装置。发动机电子控制系统的执行元件有喷油器、电控节气门、PCV阀等。

3.点火系统
电子控制点火系统由传感器、ECU、点火模块、点火线圈、高压线、火花塞等组成,其作用是按照发动机汽缸工作顺序,将低压电转换为高压电并精确地输送到每个汽缸的火花塞。

4.点火正时
发动机在压缩行程终了、活塞处于行程的顶点时,点火系统向火花塞提供高压电产生火花,点燃汽缸内的混合气并做功,这个点火时间就是点火正时,点火正时会根据发动机的不同而有所差别,错误的点火正时会导致发动机工作异常甚至不能起动。

一、实训资源

(1)实训场地:汽车维护工位1个。
(2)实训车辆:丰田轿车或发动机台架。

(3)工具耗材与设备:零件车、工具车(含常用工具、专用工具、抹布等)及危废物收集器、维修手册。

二、安全注意事项

(1)拆装作业前须做好车辆防护,安装相应的防护垫和防护套。
(2)按安全操作规程操作举升机、电动和气动工具。
(3)作业过程做到工量具、设备零部件、油污不落地,按规定处理操作产生的危废物,做好完工检查及5S管理。

三、操作过程

1.检测燃油供给系统密封性能
检测燃油供给系统密封性能操作方法及说明见表2-31。

检测燃油供给系统密封性能操作方法及说明 表2-31

步 骤	操作方法及说明	质量标准及记录
检查燃油压力	(1)燃油系统卸压,确认蓄电池电压正常; (2)打开燃油管卡夹,并断开燃油管; (3)将燃油压力表串联到燃油管,擦净溅出的燃油; (4)将诊断电脑连接到车辆,电源开关转到ON的位置,注意不要起动车辆; (5)进入发动机控制模块,选择执行 Control the Fuel Pump/Speed,测量燃油压力值,标准燃油压力值为304~343kPa; (6)使车辆处于检查模式,起动发动机,测量急速燃油压力值,标准燃油压力值为304~343kPa; (7)停止发动机,燃油压力保持5min,燃油压力值不低于147kPa	□确保系统卸压完成 □免燃油泄漏,并及时擦净,避免火灾 □燃油压力表安装可靠,避免泄漏 □安装车轮挡块,确保安全

2.检测各传感器技术状况
检测各传感器技术状况操作方法及说明见表2-32。

检测各传感器技术状况操作方法及说明　　　　　　　　　　表 2-32

步　骤	操作方法及说明	质量标准及记录
1. 检查空气流量传感器	(1) 检视空气流量传感器中的加热器和感温元件状况； (2) 使用万用表，测试传感器 1、2 端子的电阻。标准值：$-20℃,13.6 \sim 18.4\mathrm{k}\Omega$；$20℃,2.21 \sim 2.69\mathrm{k}\Omega$；$60℃,0.49 \sim 0.67\mathrm{k}\Omega$。如不符合规定，则更换空气流量传感器	□规范使用万用表 □端子连接正确 □传感器放置于零件车上
2. 检查曲轴位置传感器	(1) 拆下曲轴位置传感器； (2) 使用万用表，测试传感器两个端子阻值。标准值：冷态时 ($-10 \sim 50℃$)，$1630 \sim 2740\Omega$；热态时 ($50 \sim 100℃$)，$2065 \sim 3225\Omega$。如不符合规定，则更换曲轴位置传感器	□规范使用万用表 □端子连接正确
3. 检查冷却液温度传感器	(1) 拆下冷却液温度传感器； (2) 将冷却液温度传感器进行加热，并使用万用表测量端子阻值。标准值：$20℃,2.32 \sim 2.59\mathrm{k}\Omega$；$80℃,0.310 \sim 0.326\mathrm{k}\Omega$。如不符合规定，则更换冷却液温度传感器	□规范使用万用表 □端子连接正确 □避免烫伤

3. 检测各执行器技术状况

检测各执行器技术状况操作方法及说明见表 2-33。

检测各执行器技术状况操作方法及说明　　　　　　　　　　表 2-33

步　骤	操作方法及说明	质量标准及记录
1. 检查喷油器	(1) 拆下喷油器，使用万用表测量喷油器端子阻值，标准值：$20℃,11.6 \sim 12.4\Omega$； (2) 将燃油管连接器串联到喷油器，并可靠安装，将喷油器放入量筒，使用诊断电脑动作测试控制喷油器喷油 15s，标准值：15s，$60 \sim 73\mathrm{cc}$； (3) 测试完成，确认喷油器是否泄漏。如不符合规定，则更换喷油器总成	□规范使用万用表 □端子连接正确

续上表

步　　骤	操作方法及说明	质量标准及记录
2.检查节气门	(1)拆下节气门总成； (2)使用万用表,测量节气门1、2号端子。标准值:20℃,0.3~100Ω。如不符合规定,则更节气门体总成	□规范使用万用表 □端子连接正确
3.检查PCV控制阀	(1)拆下PCV通风阀总成,将洁净的软管安装到PCV阀上； (2)向通风箱侧吹入空气,确认空气流通顺畅,从另外一侧吹入空气,空气流通困难； (3)从PCV阀上拆下软管,并可靠安装复位	□操作流程规范 □复位正确,无漏气

4.检测点火系统电路

检测点火系统电路操作方法及说明见表2-34。

检测点火系统电路操作方法及说明　　　　　　　　表2-34

步　　骤	操作方法及说明	质量标准及记录
1.检查点火线圈	(1)检视查点火线圈外观,确认完好； (2)绝缘性检查,使用兆欧表测量接线柱与壳体之间的电阻,阻值不小于50MΩ； (3)绕组电阻检查,使用万用表测量绕组的电阻,冷态下标准值:一次绕组为0.41~0.5Ω；二次绕组为10.2~13.8kΩ； (4)用万用表测量附件电阻值； (5)将火花塞安装到点火线圈,将火花塞搭铁,检查火线圈性能及发动机运转过程中火花塞出现火花情况	□规范使用兆欧表 □使用辅助电池进行跳火测试,必须确保安全,避免火灾

续上表

步骤	操作方法及说明	质量标准及记录
2.检查火花塞	(1)拆下点火线圈和火花塞; (2)使用兆欧表检查绝缘电阻,阻值不小于10MΩ; (3)检查火花塞螺纹和绝缘垫完好,并使用塞尺检查火花塞电极间隙,最大间隙为1.3mm; (4)清洁并安装火花塞	☐规范使用兆欧表 ☐零部件放置于零件车上 ☐不得损坏火花塞电极

5.检查和校正点火正时

检查和校正点火正时操作方法及说明见表2-35。

检查和校正点火正时操作方法及说明　　　　表2-35

步骤	操作方法及说明	质量标准及记录
检查点火正时	(1)将发动机置于检查模式,暖机后停止发动机; (2)使用接线器连接诊断接口13、4端子; (3)拆下汽缸盖罩,将正时灯卡子连接到点火线圈线束上; (4)检查急速点火正时,标准值为8°~12°; (5)断开诊断接口的连接线,检查急速点火正时,标准值为0°~16°; (6)提高发动机转速,检查点火正时提前; (7)断开连接器,安装汽缸盖罩并复位	☐车轮安装挡块,确保安全 ☐接线时确认端子正确 ☐故障电脑诊断仪进行动作测试时,应进行必要提醒,确认后方可实施

任务评价

燃油、电控系统检修考核评分记录见表2-36。

燃油、电控系统检修考核评分记录表　　　　表2-36

类别	序号	项目	考核内容及要求	配分	评分标准（各项配分扣完为止）	得分
专业知识（20分）	1	检测燃油供给系统	能正确描述燃油供给系统组成、工作原理	6	能描述检测方法和步骤，每错一处扣1分，扣完为止	
	2	检测各传感器技术状况	能正确描述燃油供给系检测方法、技术要求及安全注意事项	8	能描述检测方法和步骤，每错一处扣1分，扣完为止	
	3	检测点火系统电路	能正确描述喷油器检测设备使用方法	6	能描述检测方法和步骤，每错一处扣1分，扣完为止	
技能操作（80分）	1	检测各传感器技术状况	规范检测各传感器技术状况	20	规范完成操作流程，每错一处扣1分，扣完为止	
	2	检查和校正点火正时	规范检查和校正点火正时	20	规范完成操作流程，每错一处扣1分，扣完为止	
	3	工匠精神培育	工匠精神、精益求精、团队建设	20	刻苦耐劳、团队合作，缺一项，不得分	
	4	正确使用工具、设备、材料	工具、设备使用正确	5	一种工具、设备、材料使用不正确，扣2分	
					损坏、丢失一件工具，不得分	
	5	操作规程	操作规程执行情况	10	违反操作规程，不得分	
	6	清理现场（5S管理）	清理、整理并回收工具和设备	5	少收一件工具、设备，扣1分	
		分数总计		100	最终得分	

考核员签字：_____　　　　　　　　　　　　　日期：_____年___月___日

任务6　润滑和冷却系统检修（四级）

▶ 建议学时:2学时

考核要求

一、知识要求

1. 掌握润滑系统组成与工作原理。

2. 掌握机油压力检查技术要求。
3. 掌握冷却系统组成与工作原理。
4. 掌握散热器盖工作原理和检测方法。
5. 掌握冷却风扇工作原理和检测技术要求。

二、技能要求

1. 能检测机油压力。
2. 能检测散热器盖压力。
3. 能检测节温器工作状况。
4. 能检测冷却风扇工作状况。

任务准备

1. 润滑系统

润滑系统的油道如图2-2所示,机油经集滤器被机油泵送入机油滤清器(若油压太高,则润滑油经机油泵上的泄压阀返回机油泵入口),经机油滤清器进入主油道,从而输送到各零件的摩擦表面。

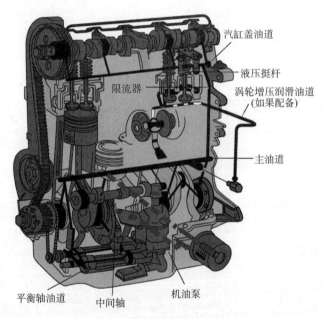

图2-2 汽车发动机润滑系统

2. 冷却系统

冷却系统工作过程主要包括小循环和大循环,如图2-3所示。

(1)小循环。发动机刚起动时,温度较低,节温器主阀门关闭、旁通阀打开,冷却液经旁通阀流入水泵入口,此时冷却液不经过散热器,只在水套和水泵之间进行循环。

(2)大循环。随着工作温度升高,主阀门完全开启,旁通阀门完全关闭。此时冷却液全部经过散热器进行循环。

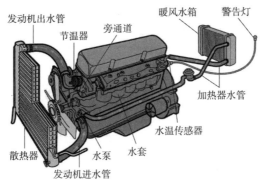

图 2-3　汽油发动机冷却系统

3. 散热器盖

散热器盖一般由一个压力阀和一个真空阀组成,如图 2-4 所示。其均为单向阀,作用是密封冷却液加注口并调节系统的工作压力。

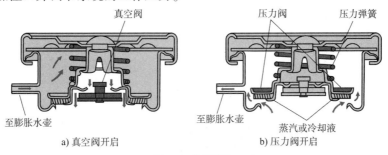

a) 真空阀开启　　　　　　　　b) 压力阀开启

图 2-4　散热器盖

发动机冷车时,阀门均关闭,与空气隔开。发动机工作温度升高,容积膨胀压力增大;当压力超过预定值时,压力阀开启,部分冷却液经溢流管流入膨胀水箱,以防止冷却液胀裂散热器。

4. 冷却风扇

冷却风扇的作用是给散热器提供足够的冷却空气量。发动机起动时,发动机模块(ECM)根据冷却液温度控制风扇电机运转,电动风扇一般具有至少两个挡位转速,现在轿车的冷凝器与散热器共用冷却风扇,有些车型只要开启空调制冷系统,电动风扇就会运转。

一、实训资源

(1) 实训场地:汽车维护工位 1 个。
(2) 实训车辆:丰田轿车或发动机台架。
(3) 工具耗材与设备:零件车、工具车(含常用工具、专用工具、抹布等)及危废物收集器、维修手册。

二、安全注意事项

(1) 拆装作业前须做好车辆防护,安装相应的防护垫和防护套。
(2) 按安全操作规程操作举升机、电动和气动工具。

（3）作业过程做到工量具、设备零部件、油污不落地，按规定处理操作产生的危废物，做好完工检查及5S管理。

三、操作过程

1. 检测机油压力

检测机油压力操作方法及说明见表2-37。

检测机油压力操作方法及说明　　　　　　　　　　　表2-37

步　骤	操作方法及说明	质量标准及记录
机油压力检测	（1）拆下机油压力开关，选取合适量程的机油压力表，安装在机油压力开关位置上； （2）起动发动机，检查机油压力表管接头是否有泄漏情况，等待发动机暖机； （3）在急速工况和转速为2000r/min工况时，读取机油压力表数值，并与标准值进行比对； （4）拆下机油压力表，更换新油封并安装机油压力开关，起动车辆检查是否有泄漏情况	□机油压力开关可靠放置于零件车抹布上 □机油压力表管连接可靠，无泄漏 □车轮放置车轮挡块，确保安全

2. 检测散热器盖压力

检测散热器盖压力操作方法及说明见表2-38。

检测散热器盖压力操作方法及说明　　　　　　　　　　　表2-38

步　骤	操作方法及说明	质量标准及记录
检测散热器盖压力	（1）测量阀门开启压力，检查O形圈是否有水渍或异物，是否有变形、破裂或损坏； （2）在O形圈上涂抹冷却液，将散热器盖检测仪安装到储液罐盖上； （3）泵吸散热器盖检测仪多次，检查最大压力；标准值：新盖为93～123kPa，旧盖为79kPa； （4）从散热器盖上拆下检测仪，并复位	□散热器盖检测仪安装可靠 □冷却液温度正常，避免烫伤

3. 检测节温器工作状况

检测节温器工作状况操作方法及说明见表2-39。

检测节温器工作状况操作方法及说明　　　　　　　　　　表2-39

步骤	操作方法及说明	质量标准及记录
检测节温器工作状态	（1）若在实车上,拆下散热器盖,将温度计插入冷却液中,起动发动机,当冷却液开始流动,此时说明节温器已打开,此时冷却液温度就是节温器开启温度,若发动机还未热机而冷却液已流动,说明节温器卡滞,则必须更换； （2）若在发动机总成上,将节温器拆下并检查清洁,无异常后放入水中加热； （3）等冷却液温度达到阀门开启温度时,观察阀门开启情况,并检查阀门升程(8mm以上)； （4）当节温器冷却后,检查并确认阀门完全关闭	□冷却液温度正常,避免烫伤 □无烫伤事故

4. 检测冷却风扇工作状况

检测冷却风扇操作方法及说明见表2-40。

检测冷却风扇工作状况操作方法及说明　　　　　　　　　　表2-40

步骤	操作方法及说明	质量标准及记录
检查冷却风扇工作状况	（1）断开冷却风扇电机连接器,将辅助电池接到冷却风扇连接器上,检查确认冷却风扇运转平稳； （2）测量冷却风扇运转时的电流(标准值为4.7~8.7A)； （3）可靠连接冷却风扇电机连接器	□连接位置正确 □做好安全防护

任务评价

润滑和冷却系统检修考核评分记录见表2-41。

润滑和冷却系统检修考核评分记录表　　　　　　　表2-41

类别	序号	项目	考核内容及要求	配分	评分标准（各项配分扣完为止）	得分
专业知识(20分)	1	检测润滑系统	能正确描述润滑系统组成与工作原理	6	能描述检测方法和步骤，每错一处扣1分，扣完为止	
	2	检测机油压力	能正确描述机油压力检查技术要求	8	能描述检测方法和步骤，每错一处扣1分，扣完为止	
	3	检测散热器盖压力	能正确描述冷却系统组成与工作原理	6	能描述检测方法和步骤，每错一处扣1分，扣完为止	
技能操作(80分)	1	检测节温器工作状态	规范检测节温器工作状况	30	规范完成操作流程，每错一处扣1分，扣完为止	
	2	检测冷却风扇工作状态	规范检测冷却风扇工作状况	30	规范完成操作流程，每错一处扣1分，扣完为止	
	3	正确使用工具、设备、材料	工具、设备使用正确	5	一种工具、设备、材料使用不正确，扣2分	
					损坏、丢失一件工具，不得分	
	4	操作规程	操作规程执行情况	10	违反操作规程，不得分	
	5	清理现场(5S管理)	清理、整理并回收工具和设备	5	少收一件工具、设备，扣1分	
		分数总计		100	最终得分	

考核员签字：_____　　　　　　　　　　　　　日期：_____年___月___日

任务7　进(排)气系统检修(四级)

▶建议学时:2学时

考核要求

一、知识要求

1. 掌握增压器组成与工作原理。
2. 掌握增压器拆装、检测技术要求。
3. 掌握进气系统密封性检测方法。

4. 掌握排气背压检测方法。

二、技能要求

1. 能拆装增压器。
2. 能检查增压器工作性能。
3. 能检测进气系统密封性。
4. 能检测排气背压。

任务准备

1. 增压器

增压器（废气涡轮增压器）主要由压气机、涡轮、中间体、增压控制机构、减速控制阀五大部分组成，如图2-5所示。增压器功用是利用废气的能量来增加发动机的进气量，从而提高发动机的功率和转矩。

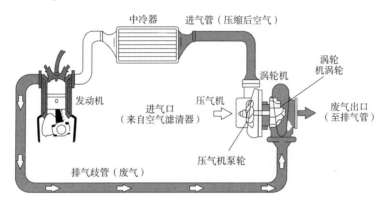

图 2-5　废气涡轮增压器的工作原理

2. 进气系统

进气系统由进气歧管、进气总管、进气软管、节气门、空气滤清器、空气流量传感器、进气压力传感器等部件组成。

3. 排气系统

排气系统由排气歧管、排气尾管、三元催化转化器、氧传感器、谐振器、消声器等部件组成。

任务实施

一、实训资源

（1）实训场地：汽车维护工位1个。
（2）实训车辆：丰田轿车或发动机台架。
（3）工具耗材与设备：零件车、工具车（含常用工具、专用工具、抹布等）及危废物收集器、维修手册。

二、安全注意事项

（1）拆装作业前须做好车辆防护，安装相应的防护垫和防护套。
（2）按安全操作规程操作举升机、电动和气动工具。
（3）作业过程做到工量具、设备零部件、油污不落地，按规定处理操作产生的危废物，做好完工检查及5S管理。

三、操作过程

1. 拆检增压器

拆检增压器操作方法及说明见表2-42。

拆检增压器操作方法及说明　　　　　　　　　　　　　表2-42

步　骤	操作方法及说明	质量标准及记录
1.拆卸增压器	（1）拆下曲轴强制通风接头螺栓、增压器冷却液回液管托架螺栓、断开回液管和供液管总成； （2）断开增压器管接头，并拆下供油管总成； （3）拆卸回油管螺栓，取下回油管总成； （4）拆卸增压器螺母，取下增压器总成、增压器隔热罩	□操作过程规范 □无烫伤事故
2.增压器的检查	（1）基本检查，各零部件裂纹、变形、泄漏等情况确认，各接头安装可靠，无泄漏老化情况； （2）使用诊断仪读取三个压力传感器数据，确认数值正常； （3）部件检查，确认每一个部件的动作正常	□诊断仪连接正确 □操作过程规范

续上表

步骤	操作方法及说明	质量标准及记录
3.安装增压器	(1)安装增压器隔热罩,安装回油管总成,拧紧回油管螺栓; (2)安装增压器,并拧紧螺母和螺栓; (3)使用新的接头,并连接到增压器,安装供油管总成; (4)安装增压器供油管卡夹,并安装供液管总成、回液管总成与托架; (5)安装曲轴箱强制通风管接头,拧紧螺栓	□螺栓连接牢固 □无泄漏

2.检测进气系统密封性

检测进气系统密封性操作方法及说明见表2-43。

检测进气系统密封性操作方法及说明　　　　表2-43

步骤	操作方法及说明	质量标准及记录
1.检查进气系统外观	(1)检查空气滤清器软管、通风软管、真空助力器软管、PCV软管等有无龟裂、老化、断裂,卡箍安装完好; (2)检查进气歧管有无裂纹、破损; (3)检查节气门衬垫、进气歧管衬垫有无破损、泄漏	□软管无龟裂、老化、断裂 □进气歧管无裂纹、破损 □衬垫无破损、泄漏
2.检查进气系统性能	(1)起动发动机,怠速下进气系统外观进行检查; (2)用倾听、手感检查,确认进气系统接合部位的密封情况	□无泄漏 □外观完好

3.检测排气背压

检测排气背压操作方法及说明见表2-44。

检测排气背压操作方法及说明　　　　表2-44

步骤	操作方法及说明	质量标准及记录
检测排气压力	检查前确认点火正时、配气相位、气门间隙正确,且进气系统无泄漏 (1)预热发动机至正常工作温度,并清洁氧传感器; (2)拆卸氧传感器,选择量程为0~30kPa的压力表,安装到氧传感器孔中; (3)起动发动机,测量排气压力,与标准值进行比对; (4)拆下压力表,安装回氧传感器; (5)确认安装正确可靠	□做好安全防护措施 □系统无泄漏 □操作过程规范

任务评价

进(排)气系统检修考核评分记录见表2-45。

进(排)气系统检修考核评分记录表　　　　表2-45

类别	序号	项目	考核内容及要求	配分	评分标准（各项配分扣完为止）	得分
专业知识(20分)	1	拆装增压器	能正确描述增压器组成与工作原理	8	能描述拆装过程和步骤，每错一处扣1分，扣完为止	
	2	检测进气系统密封性	能正确描述进气系统密封性检测方法	6	能描述检测方法和步骤，每错一处扣1分，扣完为止	
	3	检测排气背压	能正确描述排气背压的检测方法	6	能描述检测方法和步骤，每错一处扣1分，扣完为止	
技能操作(80分)	1	拆装增压器	规范拆装增压器	30	规范完成操作流程，每错一处扣1分，扣完为止	
	2	检测进气系统密封性	规范检测进气系统密封性	30	规范完成操作流程，每错一处扣1分，扣完为止	
	3	正确使用工具、设备、材料	工具、设备使用正确	5	一种工具、设备、材料使用不正确，扣2分	
					损坏、丢失一件工具，不得分	
	4	操作规程	操作规程执行情况	10	违反操作规程，不得分	
	5	清理现场(5S管理)	清理、整理并回收工具和设备	5	少收一件工具、设备，扣1分	
分数总计				100	最终得分	

考核员签字：_____　　　　　　　　　　　　日期：_____年____月____日

项目三　汽车底盘检修

项目描述

汽车底盘由传动系统、行驶系统、转向系统和制动系统组成,其功用是接收发动机或电机的动力,使汽车运动并保证汽车能够按照驾驶人的操纵而正常行驶。在本项目的学习中,学生通过对汽车底盘基本构造的认知,能够完成总成部件的拆装和检修。

本项目的主要内容包括行驶系统、转向系统和制动系统的拆装及传动系统、行驶系统、转向系统、制动系统的检修等。

任务1　汽车底盘拆装(五级)

▶ 建议学时:4 学时

一、知识要求

1. 掌握车轮拆装及换位技术要求。
2. 掌握减振器分类、组成和工作原理。
3. 掌握减振器总成更换技术要求。
4. 掌握转向拉杆和球头拆装技术要求。
5. 掌握横向稳定杆拆装技术要求。
6. 掌握盘式制动器拆装技术要求。
7. 掌握鼓式制动器拆装技术要求。
8. 掌握制动轮缸更换技术要求。

二、技能要求

1. 能进行车轮拆装及换位。
2. 能更换减振器总成。
3. 能拆装转向拉杆和球头。
4. 能拆装横向稳定杆。
5. 能拆装盘式制动器。
6. 能拆装鼓式制动器。
7. 能更换制动轮缸。

任务准备

一、汽车底盘概述

汽车底盘由传动系统、行驶系统、转向系统及制动系统组成。形式有发动机前置后轮驱动、发动机前置前轮驱动、发动机后置后轮驱动、发动机前置全轮驱动等。

1. 行驶系统组成

行驶系统一般由车架、悬架、车桥和车轮等组成，如图3-1所示。行驶系统的功用主要是支承汽车的重量并承受、传递路面作用在车轮上的各种力，缓和冲击，减少振动，保证汽车平顺行驶。

图3-1 行驶系统的组成

减振器是连接车身和悬架的弹性元件，能缓冲路面对车身的冲击，改善车辆行驶平顺性和舒适性，如图3-2所示。按阻尼材料，减振器分为液压式和气压式；按结构分为复筒式（双向作用筒式）减振器、单筒式减振器及阻力可调式减振器。

图3-2 减振器安装位置示意图

2. 转向系统组成

转向系统主要由转向操纵机构、转向器、转向助力装置、转向传动机构组成，如图3-3所示。转向系统分为机械转向系统和助力转向系统，功用是保证汽车能够按照驾驶人选定的方向行驶。

3.制动系统组成

制动系统包括行车制动系统(图3-4)和驻车制动系统(图3-5)两套独立的制动系统,每套制动系统都包括制动器和制动传动机构,其功用是使汽车减速、制动并能保证可靠地驻停。现在汽车的制动系统一般装配有防抱死制动系统(ABS)。

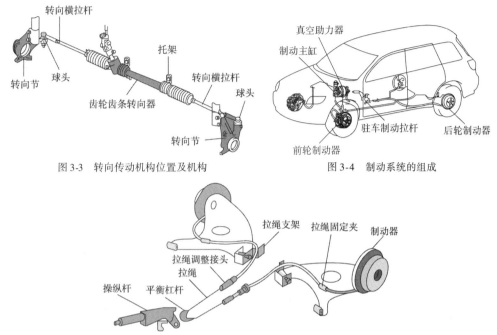

图3-3 转向传动机构位置及机构　　图3-4 制动系统的组成

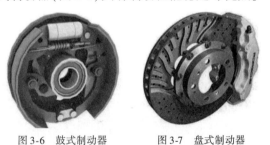

图3-5 驻车制动装置的组成

制动器的类型主要分为鼓式和盘式两种,鼓式制动器(图3-6)一般用于制动负荷较小的后轮和驻车制动,盘式制动器(图3-7)具有制动性能稳定等优点。

图3-6 鼓式制动器　　图3-7 盘式制动器

鼓式制动器主要由旋转部分、固定部分、促动装置和定位调整机构组成。盘式制动器一般由制动盘、制动块、制动钳、制动钳支架和制动轮缸等组成。

制动轮缸主要分为单活塞和双活塞,由缸体、活塞、调整螺钉(顶块)、放气阀等组成。放气阀用于排除制动管路中混入的空气。

二、汽车底盘拆装材料、工量具知识

(1)材料:胶圈、油封、垫片、密封胶、固定螺栓。
(2)常用工量具:直尺、气压表、游标卡尺、磁力表座与百分表、塞尺、钢直尺、花纹尺。

任务实施

一、实训资源

(1) 实训场地:汽车底盘维修工位 1 个。
(2) 实训车辆:丰田轿车或发动机台架。
(3) 工具耗材及设备:零件车、工具车(含常用工具、专用工具、抹布等)、维修手册。

二、安全注意事项

(1) 拆装作业前须做好车辆防护,安装相应的防护垫和防护套。
(2) 按安全操作规程操作举升机、电动和气动工具。
(3) 作业过程做到工量具、设备零部件、油污不落地,按规定处理操作产生的危废物,做好 5S 管理。

三、操作过程

1. 行驶系统的拆装

行驶系统拆装操作方法及说明见表 3-1。

行驶系统拆装操作方法及说明　　　　表 3-1

步　骤	操作方法及说明	质量标准及记录
1. 车轮的拆装	(1) 按对角方式,用扳手将车轮螺栓松开,不取出螺栓; (2) 将车辆举升到合适的高度,松开螺栓,卸下车轮; (3) 安装车轮,将车辆下降至地面,用扭力扳手按对角和规定力矩紧固好每个车轮的螺栓	□操作过程规范 □正确使用工具
2. 车轮换位方法	(1) 前轮驱动车辆,将左后轮调至右前轮、右后轮调至左前轮、左前轮调至左后轮、右前轮调至右后轮; (2) 后轮驱动的车辆,将左前轮调至右后轮、右前轮调至左后轮、左后轮调至左前轮、右后轮调至右前轮; (3) 四轮驱动的车辆,前后左右轮全部交叉对调,即左前轮调至右后轮、右前轮调至左后轮、左后轮调至右前轮、右后轮调至左前轮	□对角方式紧身固定螺栓 □轮胎安装方式和花纹方向正确 车轮换位
3. 更换减振器总成	(1) 按操作规程拆卸车轮; (2) 从减振器支架上拆卸制动软管和 ABS 轮速传感器线束等; (3) 拆卸制动分泵、固定螺栓,松开弹簧支臂固定螺母; (4) 用专用工具固定好减振臂,松开减振器上端固定螺母,用专用工具将减振臂向上抬,至减振器下端与前桥分离;	□减振器总成的拆装需专用扭力扳手

续上表

步　骤	操作方法及说明	质量标准及记录
3. 更换减振器总成	(5) 取下减振器,用减振弹簧拆装器将弹簧固定; (6) 检查减振器的橡胶护罩、弹簧等有无损坏; (7) 按拆卸的反向顺序安装减振器总成; (8) 按规程安装车轮并下降车辆至地面 上支座　活塞杆　油液　储油缸体　压力筒　底部阀　下支座	□更换后要重新做四轮定位 □螺栓连接牢固

2. 转向系统拆装

转向系统拆装操作方法及说明见表3-2。

转向系统拆装操作方法及说明　　　　表3-2

步　骤	操作方法及说明	质量标准及记录
1. 转向拉杆和球头拆装	(1) 依次拆卸拉杆防尘套、拉杆与转向节接连螺栓、拉杆与转向机联接球头,检查各部件磨损情况; (2) 按拆卸的反向顺序安装转向拉杆和球头 转向横拉杆　托架　转向节　球头　转向横拉杆　齿轮齿条转向器　球头　转向节	□按规程操作 □螺栓连接牢固
2. 横向稳定杆拆装	(1) 按规程拆卸车轮和举升车辆,拆下连接杆上的螺母和横向稳定杆; (2) 按拆卸相反的顺序安装横向稳定杆; (3) 安全放下车辆至地面 橡胶防尘套　球头销　球窝(球座)	□按规程操作 □螺母紧固

3. 制动系统拆装

制动系统拆装操作方法及说明见表3-3。

制动系统拆装操作方法及说明　　　表3-3

步　骤	操作方法及说明	质量标准及记录
1. 盘式制动器拆装	(1) 按规程要求拆卸车轮,在轮胎表面做好标记; (2) 拆下制动轮缸,用吊钩挂起制动轮缸; (3) 依次拆下2个摩擦块、2个消声片、2个磨损指示板、2个摩擦块支撑板,检查零件磨损情况; (4) 按拆卸反方向依次安装盘式制动器,加注制动液,排放管路空气; (5) 安全放下车辆至地面	□螺栓连接牢固,力矩符合要求 □零件磨损符合要求 □摩擦片的安装位置和方向正确 □无渗漏 盘式制动器的拆装
2. 鼓式制动器(后轮)拆装	(1) 按规程拆卸后车轮; (2) 用螺丝刀撬高调整杆,放松制动蹄调整器; (3) 用SST依次拆下复位弹簧、后制动蹄压簧、弹簧座、销子、后制动蹄及制动蹄拉簧; (4) 用SST依次拆下前制动蹄压簧、弹簧座和销子、带调整器的前制动蹄、驻车制动器拉索; (5) 从前制动蹄上拆下调整杆弹簧、调整器及调整器的复位弹簧; (6) 检查制动器零件磨损情况; (7) 按拆卸反方向依次安装鼓式制动器	□螺栓连接牢固,力矩符合要求 □零件磨损符合要求 □摩擦片的安装位置和方向正确 □无渗漏
3. 制动轮缸更换(盘式制动器)	(1) 按规程举升车辆,拆下前轮、制动器罩螺栓; (2) 松开制动管排放制动液,拆下制动钳和轮缸; (3) 从进油口向轮缸通入压缩空气,取出活塞; (4) 从活塞上取下防尘罩和密封圈; (5) 检查活塞与缸筒的磨损情况,视情修理或更换; (6) 按拆卸的相反顺序安装制动轮缸	□制动轮缸与活塞的磨损符合规定 □螺栓连接牢固 □无泄漏

汽车底盘拆装考核评分记录见表3-4。

汽车底盘拆装考核评分记录表　　　　　　　　表3-4

类别	序号	项目	考核内容及要求	配分	评分标准（各项配分扣完为止）	得分
专业知识(20分)	1	汽车底盘整体	汽车底盘整体基础知识	8	能描述底盘关键知识，每错一处扣1分，扣完为止	
	2	汽车底盘零部件	汽车底盘零部件的知识	6	能描述底盘关键知识，每错一处扣1分，扣完为止	
	3	行驶系统	行驶系统拆装作业内容和技术要求	6	能描述拆装过程和步骤，每错一处扣1分，扣完为止	
技能操作(80分)	1	减振器	能更换减振器总成	20	规范完成操作流程，每错一处扣1分，扣完为止	
	2	盘式或鼓式制动器	能拆装盘式或鼓式制动器	20	规范完成操作流程，每错一处扣1分，扣完为止	
	3	制动轮缸	能更换制动轮缸	20	规范完成操作流程，每错一处扣1分，扣完为止	
	4	正确使用工具、设备、材料	工具、设备使用正确	5	一种工具、设备、材料使用不正确，扣2分	
					损坏、丢失一件工具，不得分	
	5	操作规程	操作规程执行情况	10	违反操作规程，不得分	
	6	清理现场(5S管理)	清理、整理并回收工具和设备	5	少收一件工具、设备，扣1分	
分数总计				100	最终得分	

考核员签字：＿＿＿＿＿＿＿＿＿＿　　　　　　　日期：＿＿＿＿年＿＿月＿＿日

任务2　传动系统检修（四级）

▶建议学时：4学时

一、知识要求

1. 掌握离合器总成拆装技术要求。
2. 掌握手动变速器总成技术要求。

3. 掌握万向传动装置拆装技术要求。
4. 掌握主减速器和差速器总成拆装技术要求。
5. 掌握更换自动变速器油、滤芯技术要求。

二、技能要求

1. 能拆装离合器总成。
2. 能拆装手动变速器总成。
3. 能拆装万向传动装置。
4. 能拆装主减速器和差速器总成。
5. 能更换自动变速器油、滤芯。

任务准备

一、传动系统检修基础知识

1. 传动系统的组成和功用

传动系统是发动机(电机)到驱动车轮之间动力传递的装置,主要由离合器、变速器、万向传动装置和驱动桥组成,如图3-8所示。

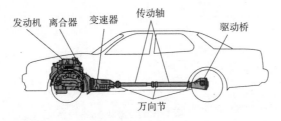

图3-8 传动系统的组成

汽车传动系统的功用是保证汽车在不同使用条件下能正常行驶,且具有良好的动力性和燃油经济性,包括减速增矩(图3-9);变速;实现汽车倒驶;必要时中断动力传递;差速(图3-10)。

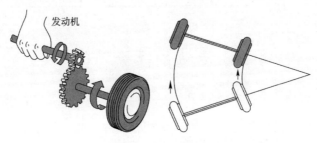

图3-9 减速增矩示意图　　图3-10 实现差速行驶示意图

2. 离合器的组成和功用

离合器总成主要由离合器片、离合器盖、离合器分离轴承、分离轴承固定夹、离合器分离叉、分离叉支撑和分离叉防尘套等组成,如图3-11所示。其功用有暂时切断发动机与传动

系统的动力连接,便于发动机的起动和变速器换挡;限制其传递转矩;防止传动系统过载。

3. 手动变速器的组成和功用

手动变速器(以金杯 G55 型为例)主要由换挡杆轴壳体、变速器外壳、中间板、延伸壳、输入轴、输出轴、中间轴、倒挡轴和齿轮等元件组成,如图 3-12 所示。其功用有:改变传动比从而改变发动机的转速和转矩,以改变汽车的车速和牵引力;改变力的传递方向,实现倒车行驶;利用空挡切断动力传递,便于发动机起动和怠速运行。

4. 万向传动装置的安装位置和功用

万向传动装置常见的安装位置有变速器与驱动桥之间、分动器和各驱动桥之间、转向驱动桥的半轴、断开式驱动桥的半轴等,如图 3-13 所示。其功用是连接不在同一直线上的变速器输出轴和主减速器输入轴,保证在两轴之间的夹角和距离变化情况下传递动力。

图 3-12 手动变速器

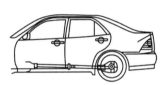

图 3-13 万向传动装置

5. 主减速器的组成和功用

主减速器是由一对或几对减速齿轮副构成,是驱动桥内能够改变转矩和转速的机构,如图 3-14 所示。其功用有:减速增矩;改变动力传输的方向。前置后驱汽车主减速器安装位置如图 3-15 所示。

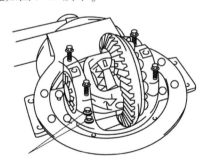

图 3-14 主减速器

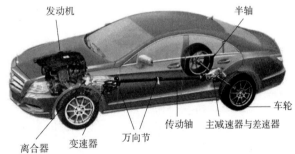

图 3-15 前置后驱汽车主减速器安装位置

二、传动系统检修材料、工量具知识

1. 材料

胶圈、油封、垫片、密封胶、固定螺栓。

2. 常用工量具

直尺、气压表、游标卡尺、磁力表座与百分表、塞尺、钢直尺。

一、实训资源

(1)实训场地:汽车底盘维修工位1个。
(2)实训车辆:丰田轿车或发动机台架。
(3)工具耗材与设备:零件车、工具车(含常用工具、专用工具、抹布等)及危废物收集器、维修手册。

二、安全注意事项

(1)拆装作业前须做好车辆防护,安装相应的防护垫和防护套。
(2)按安全操作规程操作举升机、电动和气动工具。
(3)作业过程做到工量具、设备零部件、油污不落地,按规定处理操作产生的危废物,做好完工检查及5S管理。

三、操作过程

1. 离合器总成拆装

离合器总成拆装操作方法及说明见表3-5。

离合器总成拆装操作方法及说明　　　　表3-5

步骤	操作方法及说明	质量标准及记录
离合器总成拆装(膜片式)	(1)做好配合记号,从飞轮上拆卸离合器总成; (2)使用专用拆装工具解体离合器总成,对角交替拆下紧固螺栓; (3)按拆卸反向顺序依次装配从动盘、离合器盖、膜片弹簧。离合器盖与飞轮装配标记对正;膜片弹簧的深度和宽度应符合规定	□操作符合规程 □配合标记正确 □螺栓连接牢固 □膜片弹簧的深度和宽度应符合规定

2. 手动变速器总成拆装

三轴手动变速器总成拆装操作方法及说明见表3-6。

手动变速器总成拆装操作方法及说明　　　　表3-6

步骤	操作方法及说明	质量标准及记录
1. 手动变速器总成解体(以金杯G55型为例)	(1)依次拆卸换挡杆壳体、拆下延伸壳、拆卸前轴承护圈和卡环、换挡机构、第一轴、第二轴、倒挡轴、中间轴、输入轴、输出轴; (2)清洗机件并做记号,妥善保管	□拆卸的所有零件都应清洗干净,并做相应检查,不能继续使用的应予以更换 □拆卸过的油封、密封垫应予以更换

续上表

步骤	操作方法及说明	质量标准及记录
2.变速器的装配（以金杯G55型为例）	(1)依次安装中间轴、倒挡轴；再安装第一轴、第二轴；最后安装变速器前、后盖和上盖； (2)装配各部轴承及键槽时，应涂上齿轮油进行预润滑，需要时更换滚针轴承； (3)零件的工作表面不得用榔头直接锤击，需要时采用铜棒操作	□安装顺序正确 □安装过程规范 □连接牢固

3. 万向传动装置拆装

万向传动装置拆装操作方法及说明见表3-7。

万向传动装置拆装操作方法及说明　　　　　　　　　　表3-7

步骤	操作方法及说明	质量标准及记录
万向传动装置拆装	(1)做好安全防护和万向节标记，拆卸传动轴； (2)依次拆卸后桥凸缘连接螺栓、中轴凸缘连接螺栓、传动轴总成、中间支撑支架螺栓、前端凸缘盘、中间轴； (3)检修、清洗、吹干零件，轴承涂润滑脂； (4)按拆卸反向顺序安装。万向节十字轴的油嘴应180°错位；滑动花键橡胶防尘套的夹箍开口应180°错位；传动轴的平衡块不能漏装或改变位置	□做好安全防护 □做好标记 □操作过程规范 □十字轴油嘴180°错位 □防尘套夹箍开口错位180°

4. 主减速器和差速器总成拆装

主减速器和差速器总成拆装操作方法及说明见表3-8。

主减速器和差速器总成拆装操作方法及说明　　　　　　　表3-8

步骤	操作方法及说明	质量标准及记录
主减速器和差速器总成的拆装	(1)将车辆举升至合适高度，排放齿轮油； (2)拆卸半轴附件、主减速器及差速器总成； (3)做好标记、拆下左右轴承盖并分开放置； (4)拆卸左右调整螺环并有序放置； (5)解体主减速器和差速器，清洗检查机件； (6)按拆卸相反顺序进行安装	□操作规范 □对好标记 □齿轮啮合间隙、轴承轴间隙应符合规定 □轴承座盖安装正确

5. 更换自动变速器油、滤芯

更换自动变速器油、滤芯操作方法及说明见表3-9。

更换自动变速器油、滤芯操作方法及说明　　　　　　　　　　表 3-9

步　骤	操作方法及说明	质量标准及记录
更换自动变速器油、滤芯	（1）按规程举升车辆； （2）依次实施拆卸油底螺栓、排放变速器油、油底壳、更换滤芯、清理并油底壳安装； （3）加注变速器油、测试	□油液无渗漏 □螺栓连接牢固 □按规定处理危废物

任务评价

传动系统检修考核评分记录见表 3-10。

传动系统检修考核评分记录表　　　　　　　　　　　　　表 3-10

类别	序号	项　　目	考核内容及要求	配分	评分标准 （各项配分扣完为止）	得分
专业知识 (20分)	1	传动系统结构	传动系统组成与工作原理	8	能描述组成与工作原理，每错一处扣1分，扣完为止	
	2	手动变速器总成	手动变速器总成拆装作业内容和技术要求	6	能描述拆装过程和步骤，每错一处扣1分，扣完为止	
	3	主减速器和差速器总成	主减速器和差速器总成拆装作业内容和技术要求	6	能描述拆装过程和步骤，每错一处扣1分，扣完为止	
技能操作 (80分)	1	离合器总成	能拆装离合器总成	20	规范完成操作流程，每错一处扣1分，扣完为止	
	2	万向传动装置	能拆装万向传动装置	20	规范完成操作流程，每错一处扣1分，扣完为止	
	3	自动变速器油	能更换自动变速器油	20	规范完成操作流程，每错一处扣1分，扣完为止	
	4	正确使用工具、设备、材料	工具、设备使用正确	5	一种工具、设备、材料使用不正确，扣2分	
					损坏、丢失一件工具，不得分	
	5	操作规程	操作规程执行情况	10	违反操作规程，不得分	
	6	清理现场(5S管理)	清理、整理并回收工具和设备	5	少收一件工具、设备，扣1分	
分数总计				100	最终得分	

考核员签字：＿＿＿＿＿＿＿＿　　　　　　　　　　　　日期：＿＿＿＿年＿＿月＿＿日

任务3　行驶系统检修(四级)

▶ 建议学时:2学时

一、知识要求

1. 掌握轮毂轴承拆装技术要求。
2. 掌握车辆四轮定位操作技术要求。
3. 掌握轮动平衡机操作技术要求。
4. 掌握扒胎机操作技术要求。

二、技能要求

1. 能更换轮毂轴承。
2. 能进行车轮定位检查。
3. 能进行车轮动平衡检查。
4. 能更换轮胎。

任务准备

1. 行驶系统的工作原理

发动机或电机产生动力,动力通过发动机输出,经离合器、变速器、转动轴、主传动器、差速器、半轴、驱动轮,推动车辆行驶。

2. 四轮定位知识

四轮定位以车辆的四轮参数为依据,通过调整来确保车辆良好的行驶性能和安全性能。四轮定位参数包括车轮前束、主销后倾(角)、主销内倾(角)、前轮外倾(角)。

3. 车轮动平衡知识

车轮动平衡检查是通过车轮在动态情况下增加配重的方法,使轮胎和轮毂组质量分布趋向均匀,车辆在行驶中不产生车轮抖动、转向盘振动。

一、实训资源

(1)实训场地:汽车底盘维修工位1个。
(2)实训车辆:丰田轿车或发动机台架。
(3)工具耗材与设备:零件车、工具车(含常用工具、专用工具、抹布等)及危废物收集器、维修手册。

二、安全注意事项

(1)拆装作业前须做好车辆防护,安装相应的防护垫和防护套。
(2)按安全操作规程操作举升机、电动和气动工具。
(3)作业过程做到工量具、设备零部件、油污不落地,按规定处理操作产生的危废物,做好完工检查及5S管理。

三、操作过程

1.轮毂轴承的拆装

轮毂轴承拆装操作方法及说明见表3-11。

轮毂轴承拆装操作方法及说明　　　　　　　　　　　　　　表3-11

步　骤	操作方法及说明	质量标准及记录
1.拆卸转向节	(1)按规程举升车辆,拆下前轮和半轴自锁螺母; (2)拆下制动卡钳,用挂钩悬挂车体上,依次拆卸转向拉杆球头螺母、分离转向拉杆、转向节	□做好安全防护 □操作过程规程
2.拆卸旧的轮毂轴承	依次拆卸制动盘、传感器等附件、轮毂轮毂轴承内圈、轴承限位卡簧,用压力机取出轮毂轴承	□做好安全防护 □操作过程规程 □使用合适专用工具
3.安装新的轮毂轴承	(1)按拆卸相反顺序安装新轮毂轴承、制动盘、下摆臂、减振器、转向节及附件; (2)按规定力矩紧固相应螺栓、螺母	□轮毂轴承转动灵便 □螺栓连接牢固,力矩符合规定

2.车辆四轮定位

车辆四轮定位操作方法及说明见表3-12。

车辆四轮定位操作方法及说明　　　　　　　　　　　　　　表3-12

步　骤	操作方法及说明	质量标准及记录
车辆四轮定位的操作	(1)检测底盘、胎压及悬架,确保符合要求; (2)把车辆行驶到定位升降机上,并使其停放好; (3)安装车轮传感器、固定制动踏板和转向盘,举升车辆,设置参数来进行测试; (4)根据数据偏差的程度,调整车轮定位参数; (5)路试检查车辆的行驶稳定性和操纵性	□操作过程规范 □车轮定位调整应从后轮至前轮,最后调整前轮前束 □定位参数符合维修手册要求

3. 轮胎动平衡

轮胎动平衡操作方法及说明见表3-13。

轮胎动平衡机操作方法及说明 表3-13

步骤	操作方法及说明	质量标准及记录
车轮动平衡机的操作	（1）轮胎气压正常,除掉车轮上的铅块,清理轮胎花纹夹石,将车轮安装到平衡机上； （2）接通平衡机电源,用尺子测量轮辋与平衡机间的距离,在平衡机上输入数值； （3）放下防护罩,按下开始按键开始测量； （4）车轮自动停转后,从指示台上读出车轮内、外不平衡量和位置； （5）用手转动车轮,直至装置发出信号,此时停止转动,在显示轮辋边缘不平衡量的位置配重并卡牢固； （6）直至动不平衡小于5g,显示合格为止	□操作过程规范 □严禁修改程序参数 □车轮不平衡量小于5g

4. 扒胎机

扒胎机操作方法及说明见表3-14。

扒胎机的操作方法及说明 表3-14

步骤	操作方法及说明	质量标准及记录
扒胎机的操作	（1）将轮胎放到轮胎挤压位置,用轮缘拆离蹄压迫轮胎,使之与轮辋彻底分离； （2）将轮胎拆装台放好,踩下踏板撑牢轮辋； （3）安装拆装头(拆装头离钢圈50mm)并紧固； （4）用撬棍将轮胎边挑到拆装头上,踩下转动踏板,使扒胎机工作台顺时针旋转,即可拆下轮胎外侧,用同样方法拆下内侧的轮胎,将轮胎扒出轮辋	□扒胎前轮胎内无气压,除掉轮辋上铅块 □规范操作,无事故

任务评价

行驶系统检修考核评分记录见表3-15。

行驶系统检修考核评分记录表　　　　　表3-15

类别	序号	项目	考核内容及要求	配分	评分标准（各项配分扣完为止）	得分
专业知识（20分）	1	行驶系统	叙述行驶系统组成与工作原理	8	能描述组成与工作原理，每错一处扣1分，扣完为止	
	2	四轮定位	叙述四轮定位仪操作规程	6	能描述检测与操作步骤，每错一处扣1分，扣完为止	
	3	拆胎机	叙述拆胎机操作规程	6	能描述操作规程，每错一处扣1分，扣完为止	
技能操作（80分）	1	车轮动平衡	能进行车轮动平衡检查	30	规范完成操作流程，每错一处扣1分，扣完为止	
	2	轮胎更换	能正确更换轮胎	30	规范完成操作流程，每错一处扣1分，扣完为止	
	3	正确使用工具、设备、材料	工具、设备使用正确	5	一种工具、设备、材料使用不正确，扣2分	
					损坏、丢失一件工具，不得分	
	4	操作规程	操作规程执行情况	10	违反操作规程，不得分	
	5	清理现场（5S管理）	清理、整理并回收工具和设备	5	少收一件工具、设备，扣1分	
分数总计				100	最终得分	

考核员签字：_____　　　　　　　　　　　　日期：_____年____月____日

任务4　转向系统检修（四级）

▶ 建议学时:2学时

一、知识要求

1.掌握机械转向器更换技术要求。

2. 掌握液压助力转向器更换技术要求。

3. 掌握电动助力转向器更换技术要求。

4. 掌握转向传动机构更换技术要求。

二、技能要求

1. 能更换转向器总成。

2. 能更换转向传动机构。

任务准备

汽车转向系统检修主要是对转向操纵机构、转向器和转向传动机构等的检查和调整。

(1) 机械转向系统是以驾驶人的体力为转向能源的转向系统,其所传力件都由机械元件组成,如图3-16所示。

(2) 助力转向系统是机械转向系统和动力转向助力装置共同作用的转向系统,如图3-17所示。一般有传统液压助力和电子液压助力两种。两者区别在于:传统液压助力转向系统的转向液压泵由发动机驱动,而电子液压助力转向系统由电动机驱动。

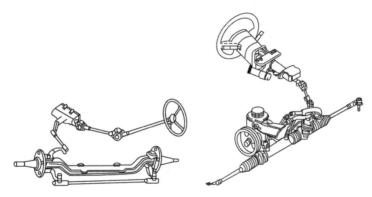

图3-16 机械转向系统组成　　图3-17 助力转向系统组成

任务实施

一、实训资源

(1) 实训场地:汽车底盘维修工位1个。

(2) 实训车辆:丰田轿车或发动机台架。

(3) 工具耗材与设备:零件车、工具车(含常用工具、专用工具、抹布等)及危废物收集器、维修手册。

二、安全注意事项

(1) 拆装作业前须做好车辆防护,安装相应的防护垫和防护套。

(2) 按安全操作规程操作举升机、电动和气动工具。

(3)作业过程做到工量具、设备零部件、油污不落地,按规定处理操作产生的危废物,做好完工检查及5S管理。

三、操作过程

1. 机械转向器更换

机械转向器更换操作方法及说明见表3-16。

机械转向器更换操作方法及说明　　　　　　　　　　表3-16

步骤	操作方法及说明	质量标准及记录
机械转向器的拆装	(1)按规程举升车辆,依次拆卸输入轴防尘罩、转向柱的紧固螺栓、前轮、转向横拉杆球节、前副车架支撑杆并放下其后面、拆下转向器; (2)安装方法则按拆卸相反顺序进行	□操作过程规范 □螺栓连接牢固 □转向拉杆安装正确

2. 液压助力转向器更换

液压助力转向器更换操作方法及说明见表3-17。

液压助力转向器更换操作方法及说明　　　　　　　　　　表3-17

步骤	操作方法及说明	质量标准及记录
液压助力转向器更换	(1)按规程举升车辆,排放转向液压油(ATF油); (2)依次拆卸横拉杆固定螺母和横拉杆、左前轮罩转向器的固定螺栓,松开转向控制阀进油管、转向器左边自锁螺母,放下车辆,紧固齿条与转向横拉杆螺栓、仪表板侧边下盖和踏板盖、转向控制阀泄放螺栓、固定转向器自锁螺母,拆下转向器; (3)按拆卸相反顺序进行安装	□操作过程规范 □螺栓连接牢固 □机件安装正确 □油管路无空气

3. 电动助力转向器更换

电动助力转向器更换操作方法及说明见表3-18。

电动助力转向器更换操作方法及说明　　　　　　表3-18

步骤	操作方法及说明	质量标准及记录
电动助力转向器更换	(1) 锁定转向盘，转向盘旋置于正中位置，拔出钥匙； (2) 断开蓄电池负极电缆、降下副车架、拆下转向横拉杆和球头、取下转向器上隔热板、拆下转向器线束、用专用工具降下副车架、拆下转向器； (3) 按拆卸相反顺序进行安装	□操作过程规范 □拆装顺序正确 □无油液溢出 □液压管路无空气 拆卸转向助力泵

4. 转向传动机构更换

转向传动机构更换操作方法及说明见表3-19。

转向传动机构更换操作方法及说明　　　　　　表3-19

步骤	操作方法及说明	质量标准及记录
转向传动机构更换	(1) 依次拆卸转向节臂连接螺栓，取下直拉杆、梯形臂连接螺栓，取下横拉杆总成，用手锤和铜棒拆下左转向节，用同法拆下右转向节； (2) 安装方法则按拆卸相反顺序进行	□重点检查各球头的磨损和润滑情况，发现球头磨损严重，应立即予以更换

任务评价

转向系统检修考核评分记录见表3-20。

转向系统检修考核评分记录表　　　　　　　　　　　表 3-20

类别	序号	项目	考核内容及要求	配分	评分标准（各项配分扣完为止）	得分
专业知识（20分）	1	转向系统	叙述转向系统组成与工作原理	8	能描述组成与工作原理，每错一处扣1分，扣完为止	
	2	液压助力转向器	叙述液压助力转向器更换的作业内容及技术要求	6	能描述更换步骤及技术要求，每错一处扣1分，扣完为止	
	3	电动助力转向器	电动助力转向器更换的作业内容及技术要求	6	能描述更换步骤及技术要求，每错一处扣1分，扣完为止	
技能操作（80分）	1	机械转向器	能更换机械转向器总成	30	规范完成操作流程，每错一处扣1分，扣完为止	
	2	电动助力转向器	能更换电动助力转向器总成	30	规范完成操作流程，每错一处扣1分，扣完为止	
	3	正确使用工具、设备、材料	工具、设备使用正确	5	一种工具、设备、材料使用不正确，扣2分	
					损坏、丢失一件工具，不得分	
	4	操作规程	操作规程执行情况	10	违反操作规程，不得分	
	5	清理现场（5S管理）	清理、整理并回收工具和设备	5	少收一件工具、设备，扣1分	
		分数总计		100	最终得分	

考核员签字：_____　　　　　　　　　　　日期：_____年___月___日

任务 5　制动系统检修（四级）

▶ 建议学时：4 学时

考核要求

一、知识要求

1. 掌握制动主缸或制动控制阀更换技术要求。
2. 掌握制动助力器总成更换技术要求。
3. 掌握盘(鼓)式制动器总成更换技术要求。
4. 掌握驻车制动装置拆装技术要求。

二、技能要求

1. 能更换制动主缸或制动控制阀。
2. 能更换制动助力器总成。
3. 能更换盘(鼓)式制动器总成。
4. 能拆装驻车制动装置。

任务准备

一、制动系统的工作原理

汽车多数采用的是摩擦式制动器,其又分为鼓式制动器和盘式制动器。通过固定件与旋转件工作表面之间的摩擦产生制动力矩,使汽车减速或制动。鼓式制动器是摩擦衬片压紧旋转的制动鼓内侧产生制动,盘式制动器是由摩擦衬块夹紧制动盘产生制动。

1. 液压原理

液压传动是以液压油为工作介质的一种传动方式。液压传动系统由油泵、油缸、控制阀和各类辅助元件组成。油泵将机械能转化为液压能,是液压系统工作的动力源。油缸将液压能转化为机械能,是液压系统的执行元件。控制阀用于控制或调节液压系统中液压油的流动方向、压力和流量。

汽车上采用的液压传动有容积式液压传动和动力式液压传动两种。容积式液压传动的典型应用是液压制动系统和液压动力转向系统;动力式液压传动主要用于使用液力自动变速器车辆的液力变矩器和液力耦合器。

2. 制动主缸

制动主缸又称为制动总泵,是汽车液压制动系统的核心,通过液压原理增加驾驶人的踏板力。按活塞数分为单活塞制动主缸与串联双活塞制动主缸,如图3-18、图3-19所示。在双管路制动系统中常用串联双活塞制动主缸。

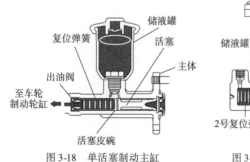

图 3-18　单活塞制动主缸　　图 3-19　串联双活塞制动主缸

3. 制动工作过程

(1)制动时。驾驶人踩制动踏板的力通过推杆和主缸活塞使主缸内的制动液产生液压,液压顺着制动管路传递到制动轮缸,使轮缸活塞张开产生制动,如图3-20所示。

(2)解除制动时。驾驶人松开制动踏板,液压消除,主缸和轮缸活塞复位从而解除制动,如图3-21所示。

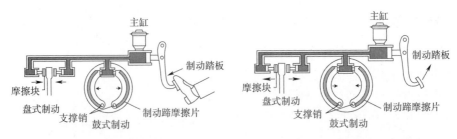

图 3-20　液压制动系统工作原理　　　图 3-21　液压制动系统工作原理
　　　　 示意图(制动时)　　　　　　　　　　 示意图(解除制动时)

二、制动助力装置

制动助力装置作用是将踩制动踏板的力放大,以产生更大的汽车制动力,减轻驾驶人的操作强度,提高驾驶的舒适性和行车安全性。制动助力装置常见的类型有真空助力装置和液压助力装置。真空助力器工作原理如图3-22所示。

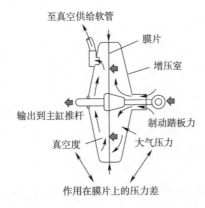

图 3-22　真空助力器工作原理示意图

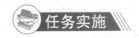

一、实训资源

(1)实训场地:汽车底盘维修工位1个。

(2)实训车辆:丰田轿车或发动机台架。

(3)工具耗材与设备:零件车、工具车(含常用工具、专用工具、抹布等)及危废物收集器、维修手册。

二、安全注意事项

(1)拆装作业前须做好车辆防护,安装相应的防护垫和防护套。

(2)按安全操作规程操作举升机、电动和气动工具。

(3)作业过程做到工量具、设备零部件、油污不落地,按规定处理操作产生的危废物,做好完工检查及5S管理。

三、操作过程

1. 制动主缸更换

制动主缸更换操作方法及说明见表3-21。

制动主缸或制动控制阀更换操作方法及说明　　　　　　　表3-21

步骤	操作方法及说明	质量标准及记录
制动主缸更换	（1）依次操作断开蓄电池负极电缆、断开制动主缸电气接头、拆下制动主缸盖、抽出制动液、断开制动主缸液压管油路、拆下制动主缸； （2）按拆卸反向顺序安装制动主缸，按要求排放管路空气	□操作过程规范 □安装正确 □螺栓连接牢固 □无油液渗漏 □管路无空气 □装配主缸密封性符合规定

2. 制动助力器总成更换

制动助力器总成更换操作方法及说明见表3-22。

制动助力器总成更换操作方法及说明　　　　　　　表3-22

步骤	操作方法及说明	质量标准及记录
制动助力器总成更换	（1）依次断开蓄电池负极电缆，拆下制动主缸，分开真空管和制动助力器、制动踏板和助力器轴，拆下助力器； （2）按拆卸反向顺序安装制动助力器，按要求加注制动液、排放管路中空气	□操作过程规范 □安装正确 □螺栓连接牢固 □无油液渗漏 □管路无空气

3. 盘式制动器总成更换

盘式制动器总成更换操作方法及说明见表3-23。

盘式制动器总成更换操作方法及说明　　　　　　　表3-23

步骤	操作方法及说明	质量标准及记录
盘式制动器总成的更换	（1）盘式制动器总成的拆装见项目三任务1； （2）装配前应检查和清理轮毂、制动盘接合面、摩擦片的磨损情况，测量制动盘装配后的横向跳动量是否符合规定，按规定力矩紧固螺栓	□操作过程规范 □接合面符合规定 □制动盘横向跳动量符合规定

4. 驻车制动装置拆装

驻车制动装置拆装操作方法及说明见表3-24。

驻车制动装置拆装操作方法及说明　　　　　　　　　　　　　　　　　　　表 3-24

步　骤	操作方法及说明	质量标准及记录
1. 驻车制动装置的拆装（鼓式）	（1）手制动器杆的支承销孔、扇形齿磨损严重时可堆焊修复、锁扣弹簧过软或折断应更换； （2）检查制动盘，磨损起槽超过0.50mm，应光磨； （3）检查制动蹄与摩擦片结合面以及制动蹄衬片，应符合要求； （4）检查制动蹄销与制动蹄销孔或蹄臂销孔的配合间隙，不大于0.20mm。检查制动蹄臂销衬套与销的配合间隙，不大于0.20mm	□盘式驻车制动器调整时，不允许用拉动杆臂的方法使传动杆的销孔对齐 □驻车制动调整后应进行制动效能检查
2. 驻车制动器的调整	（1）松开驻车制动手柄，用力踩一下制动踏板，使后轮制动器具有正确的蹄鼓间隙； （2）将驻车制动手柄拉紧2齿； （3）旋转调整螺母和限位垫圈，直至用手不能转动后轮为止； （4）松开驻车制动操纵手柄，支起后桥车轮应能自由转动	□锁紧螺母紧固，坚固力矩应符合规定 □操纵杆自由隙≤0.5mm 驻车制动器调整

任务评价

制动系统检修考核评分记录见表3-25。

制动系统检修考核评分记录表　　　　　　　　　　　　　　　　　　　表 3-25

类别	序号	项　　目	考核内容及要求	配分	评分标准 （各项配分扣完为止）	得分
专业知识 (20分)	1	制动系统	叙述制动系统组成与工作原理	6	能描述组成与工作原理，每错一处扣1分，扣完为止	
	2	盘（鼓）式制动器	叙述盘（鼓）式制动器检修的作业内容及技术要求	7	能描述检修方法和步骤，每错一处扣1分，扣完为止	
	3	驻车制动装置	叙述驻车制动装置检修的作业内容及技术要求	7	能描述检修方法和步骤，每错一处扣1分，扣完为止	

续上表

类别	序号	项目	考核内容及要求	配分	评分标准(各项配分扣完为止)	得分
技能操作(80分)	1	制动主缸或制动控制阀	能更换制动主缸或制动控制阀	20	规范完成操作流程,每错一处扣1分,扣完为止	
	2	制动助力器总成	能更换制动助力器总成	20	规范完成操作流程,每错一处扣1分,扣完为止	
	3	盘(鼓)式制动器总成	能更换盘(鼓)式制动器总成	20	规范完成操作流程,每错一处扣1分,扣完为止	
	4	正确使用工具、设备、材料	工具、设备使用正确	5	一种工具、设备、材料使用不正确,扣2分	
					损坏、丢失一件工具,不得分	
	5	操作规程	操作规程执行情况	10	违反操作规程,不得分	
	6	清理现场(5S管理)	清理、整理并回收工具和设备	5	少收一件工具、设备,扣1分	
分数总计				100	最终得分	

考核员签字:_____　　　　　　　　　日期:_____年___月___日

项目四　汽车电器检修

项目描述

汽车电器设备在使用过程中可能出现性能下降或故障,如蓄电池严重亏电、灯泡不亮、刮水器片老化、喇叭不响等,此时维修人员需要对其进行拆检,视情况进行修复或者更换。

汽车电器维修工应能对汽车各电器系统进行正确拆装及检修,汽车电器拆装和检修需用到的通用工具、专用工具、仪器、仪表、设备的正确使用及汽车维修资料的查阅。本项目内容主要包括蓄电池检修、起动系统检修、充电系统检修、照明信号及仪表系统检修、辅助电器系统、空调系统的拆装和检修工作步骤及方法。

任务1　蓄电池、照明、信号装置及辅助电器的拆装(五级)

▶ 建议学时:2学时

一、知识要求

1. 掌握蓄电池更换技术要求。
2. 掌握照明指示灯泡更换技术要求。
3. 掌握熔断器及继电器更换技术要求。
4. 掌握刮水臂、刮水片更换技术要求。
5. 掌握喇叭更换技术要求。

二、技能要求

1. 能更换蓄电池。
2. 能更换照明指示灯泡。
3. 能更换熔断器及继电器。
4. 能更换刮水臂、刮水片和调整喷水位置。
5. 能更换喇叭。

项目四 汽车电器检修

> 任务准备

一、电器拆装基础知识

1. 蓄电池

汽车蓄电池一般安装在发动机舱、车厢内或行李箱内,如图 4-1 所示,蓄电池正极与发电机和起动机的正极相连,负极与车身连接(搭铁)。汽车用的蓄电池是一个可逆的低压直流电源。其作用是当车辆发动机起动时,为起动系统、点火系统等相关设备供电;当发电机正常发电时,为蓄电池充电。

2. 照明和灯光信号系统

汽车照明系统分为车外照明和车内照明,车外照明包括远光灯、近光灯和雾灯等,车内照明包括门控灯、阅读灯、杂物箱灯、行李舱灯和仪表灯等。灯光信号包括示宽灯、日间行车灯、超车灯、转向信号灯、危险警告灯、倒车灯和制动灯等。

3. 熔断器和继电器

熔断器和继电器一般安装在一个盒子内,如图 4-2 所示。熔断器起到保护电路过载的作用。熔断器的外壳采用不同的颜色,上方标有其额定电流。汽车继电器通常分为三脚、四脚和五脚继电器等。

图 4-1 蓄电池及其安装位置

图 4-2 熔断器和继电器盒

4. 刮水器和喷水器

刮水系统主要由刮水器开关、刮水电动机、刮水臂、刮水片等组成,其安装位置如图 4-3 所示。喷水系统主要由喷水器开关、喷水器电机、喷水器管路、喷嘴、喷水器储液罐等组成。自动刮水系统还有雨量传感器、刮水器控制装置等。

5. 喇叭

喇叭用于提供声音信号或报警,轿车喇叭为电喇叭。喇叭的安装位置如图 4-4 所示。一般由喇叭开关控制喇叭继电器工作,当按压喇叭开关、锁车门或车辆防盗系统激活时,喇叭均会鸣叫。

图 4-3 刮水器和喷水器的安装位置

图 4-4 喇叭的安装位置

二、电器拆装工具设备知识

1. 蓄电池检测仪

蓄电池检测仪是检测蓄电池性能状况的专用工具,如图 4-5 所示。通过测量蓄电池端电压和内阻来判断蓄电池电池容量和技术状态,通常测量数据可以由数字显示并打印。

2. 数字万用表

数字万用表可测量汽车电路中的电压、电阻、电流等电气参数。数字万用表由液晶显示器、功能按钮、挡位旋钮、表笔插孔和表笔等部分组成,如图 4-6 所示。

图 4-5 蓄电池检测仪

图 4-6 数字万用表

一、实训资源

(1)实训场地:汽车维修工位 1 个。
(2)实训车辆:丰田轿车 1 辆。
(3)工具耗材与设备:零件车、工具车(含常用工具、专用工具、抹布等)、维修手册 1 本、万用表等检测设备及相应电气元件、导线等。

二、安全注意事项

(1)做好车辆安全防护,做好个人安全防护,避免电路短路,操作过程要规范。
(2)不要徒手触碰灯泡玻璃等发热体,更换熔断器、继电器等有插脚电气元件时,避免损坏插脚和座孔。

三、操作过程

1. 更换蓄电池

更换蓄电池操作方法及说明见表 4-1。

项目四　汽车电器检修

更换蓄电池操作方法及说明　　　　　　　　　　　　　　　　　　　表4-1

步　骤	操作方法及说明	质量标准及记录
蓄电池更换	(1)依次拆卸蓄电池负极电缆,后拆卸正极电缆; (2)拆卸蓄电池固定件,取出旧蓄电池妥善放置; (3)检查新蓄电池外观、型号及蓄电池性能; (4)将蓄电池放入安装位置,安装蓄电池固定件; (5)先安装正极电缆后负极电缆并紧固,完工检查	□拆卸顺序正确 □安装顺序正确 □蓄电池性能正常 □螺栓紧固

2.更换照明灯泡

以更换前照灯灯泡为例,介绍前照灯泡的更换作业操作方法及说明见表4-2。

更换前照灯灯泡操作方法及说明　　　　　　　　　　　　　　　　　表4-2

步　骤	操作方法及说明	质量标准及记录
前照灯灯泡更换	(1)做好车辆安全防护及关闭用电器等工作准备; (2)断开连接器,取下橡胶护罩,松开弹簧,取下灯泡; (3)确认新灯泡完好和型号,装入灯泡,压紧弹簧,安装橡胶护罩,标记朝上,安装灯泡连接器,完工检查	□拆卸方法正确 □安装方法正确 □灯泡工作正常

3.更换熔断器和继电器

更换熔断器和继电器操作方法及说明见表4-3。

更换熔断器和继电器操作方法及说明　　　　　　　　　　　　　　　表4-3

步　骤	操作方法及说明	质量标准及记录
1.更换熔断器	(1)做好个人及车辆安全防护措施及工作准备; (2)找到要更换的熔断器,用夹子取出旧熔断器; (3)检查新的熔断器外观和规格,与原车一致; (4)确认熔断器输出端与车身搭铁无短路,再安装熔断器	□正确拆卸熔断器 □正确安装熔断器 □更换后,相关电路正常工作

续上表

步　骤	操作方法及说明	质量标准及记录
2.更换继电器	(1)找到要更换的继电器,用钳子取出旧继电器; (2)确认新继电器与原型号一致,安装新的继电器; (3)安装熔断器和继电器盒盖	□正确拆卸继电器 □正确安装继电器 □更换后,相关电路正常工作

4.更换刮水臂和刮水片

更换刮水臂和刮水片操作方法及说明见表4-4。

更换刮水臂和刮水片操作方法及说明　　　　表4-4

步　骤	操作方法及说明	质量标准及记录
1.更换刮水臂	(1)做好个人、车辆的安全防护及工作准备; (2)确认刮水臂位于初始位置,拆卸固定螺母和刮水臂(如过紧,则用专用工具); (3)对准花键将刮水臂装入驱动枢轴,安装刮水臂紧固刮水臂螺母,安装刮水臂饰盖,调整喷水位置; (4)检查刮水器、喷水器工作情况 1-装饰盖;2-螺母;3-刮水臂	□正确拆卸刮水臂 □正确安装刮水臂并紧固,位置正确 □更换后,刮水器工作正常 □喷水位置正确
2.更换刮水片	(1)向上提起刮水臂、解开固定卡夹、取出刮水片; (2)检查刮水片外观、安装刮水片、确认锁止; (3)小心放下刮水臂 固定卡夹	□拆卸、安装正确 □刮水片工作正常

5. 更换喇叭

更换喇叭操作方法及说明见表4-5。

更换喇叭操作方法及说明　　　　　　　　　　　　　　　　　　表4-5

步　骤	操作方法及说明	质量标准及记录
更换喇叭	(1)拆卸前保险杠蒙皮(如有必要)； (2)断开喇叭线束接头； (3)拆卸喇叭固定螺母，取出喇叭； (4)按拆卸反方向安装喇叭,完工检查	□拆卸安装正确 □喇叭工作正常

蓄电池、照明、信号系统及辅助电器拆装考核评分记录见表4-6。

蓄电池、照明、信号系统及辅助电器拆装考核评分记录表　　　　表4-6

类别	序号	项　　目	考核内容及要求	配分	评分标准 (各项配分扣完为止)	得分
专业知识 (20分)	1	蓄电池知识	正确叙述汽车蓄电池知识	6	能回答问题,但回答不完整,按比例扣分；不能回答,扣5分	
	2	照明、信号系统知识	正确叙述汽车照明、信号系统知识	8	能回答问题,但回答不完整,按比例扣分；不能回答,扣5分	
	3	熔断器和继电器知识	正确叙述熔断器和继电器知识	6	能回答问题,但回答不完整,按比例扣分；不能回答,扣5分	
操作技能 (80分)	1	更换熔断器和继电器	正确拆卸和安装指定的熔断器和继电器	20	方法错误,扣10分；未完成,扣5分	
	2	更换照明灯泡	正确拆卸和安装前照灯灯泡	20	方法错误,扣10分；未完成,扣5分	
	3	更换刮水器、喷水器、喇叭	能正确拆装电动刮水器、喷水器、喇叭	20	方法错误,扣10分；未完成,扣5分	
	4	正确使用工具、设备、材料	工具、设备使用正确	5	一种工具、设备、材料使用不正确,扣2分	
					损坏、丢失一件工具,不得分	
	5	操作规程	操作规程执行情况	10	违反操作规程,不得分	
	6	清理现场(5S管理)	清理、整理并回收工具和设备	5	少收一件工具、设备,扣1分	
分数总计				100	最终得分	

考核员签字：＿＿＿＿＿＿＿＿＿＿＿＿　　　　　　　　　　　　日期：＿＿＿＿＿年＿＿＿月＿＿＿日

任务 2 空调系统拆装(五级)

▶ 建议学时:1 学时

考核要求

一、知识要求

1. 掌握冷凝器清洁方法和技术要求。
2. 掌握空调滤清器更换方法和技术要求。

二、技能要求

1. 能清洁冷凝器。
2. 能更换空调滤清器。

任务准备

1. 冷凝器

轿车的冷凝器一般装在车辆前围板进气格栅的后面,如图 4-7 所示。冷凝器中制冷剂可以与外部空气进行热交换,将压缩机输出的高温高压的气态制冷剂转变为中温高压的液态制冷剂输出,进入储液干燥过滤器。

2. 空调滤清器

空调滤清器一般安装在副驾驶侧鼓风机入风口处,用于过滤空气中的粉尘和其他杂质,净化进入车厢的再循环空气和新鲜空气,如图 4-8 所示。

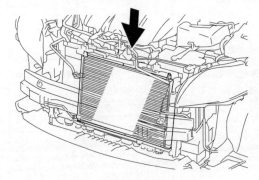

图 4-7 冷凝器的安装位置

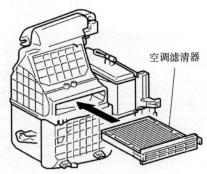

图 4-8 空调滤清器安装位置

任务实施

一、实训资源

(1)实训场地:汽车维修工位 1 个。

(2)实训车辆:丰田款轿车 1 辆。
(3)工具耗材与设备:零件车、工具车(含常用工具、专用工具、抹布等)、维修手册 1 本、万用表等检测设备及相应电气元件、导线等。

二、安全注意事项

(1)做好车辆安全防护,做好个人安全防护,避免电路短路,操作过程要规范。
(2)不要徒手触碰灯泡玻璃等发热体,更换熔断器、继电器等有插脚电气元件时,避免损坏插脚和座孔。

三、操作过程

1. 清洗冷凝器

清洗冷凝器的作业操作方法及说明见表 4-7。

清洗冷凝器操作方法及说明　　　　　　　　　　表 4-7

步　　骤	操作方法及说明	质量标准及记录
清洁冷凝器	(1)用压缩空气吹尘枪从上至下清洁冷凝器表面的灰尘、花絮、羽毛等杂质; (2)用冷凝器清洗剂从上至下均匀喷射冷凝器散热片; (3)用高压水枪在前方大约 2m 的距离从上至下清洗冷凝器,完工检查测试	□正确使用压缩空气 □冷凝器表面无明显灰尘、花絮、羽毛等杂质 □空调系统工作正常

2. 更换空调滤清器

更换空调滤清器操作方法及说明见表 4-8。

更换空调滤清器操作方法及说明　　　　　　　　表 4-8

步　　骤	操作方法及说明	质量标准及记录
更换空调滤清器	(1)进入副驾驶位拆下杂物箱、取出旧空调滤清器; (2)确认新的空调滤清器外观和型号,按箭头方向安装空调滤清器,完工检查测试	□安装方向正确 □空调系统工作正常

任务评价

空调系统拆装学习考核评分记录见表 4-9。

空调系统拆装考核评分记录表　　　　　　　　　　表4-9

类别	序号	项目	考核内容及要求	配分	评分标准（各项配分扣完为止）	得分
专业知识（20分）	1	冷凝器知识	正确描述冷凝器的安装位置	8	能回答问题，但回答不完整，按比例扣分；不能回答，扣5分	
	2	空调滤清器知识	正确描述空调滤清器的安装	6	能回答问题，但回答不完整，按比例扣分；不能回答，扣5分	
	3	正确描述更换空调滤清器	正确描述更换空调滤清器的作用	6	能回答问题，但回答不完整，按比例扣分；不能回答，扣5分	
操作技能（80分）	1	清洁冷凝器	规范操作清洁冷凝器	25	缺一件，扣1分，选错一件，扣1分	
	2	正确更换空调滤清器	正确拆卸空调滤清器	25	方法错误，扣5分；未完成，扣5分	
	3	正确使用工具、设备、材料	工具、设备使用正确	10	一种工具、设备、材料使用不正确，扣2分	
					损坏、丢失一件工具，不得分	
	4	操作规程	操作规程执行情况	10	违反操作规程，不得分	
	5	清理现场(5S管理)	清理、整理并回收工具和设备	10	少收一件工具、设备，扣1分	
		分数总计		100	最终得分	

考核员签字：＿＿＿＿＿＿＿＿　　　　　　　　　　　　日期：＿＿＿年＿＿月＿＿日

任务3　蓄电池检修(四级)

▶建议学时：1学时

考核要求

一、知识要求

1. 掌握蓄电池结构与工作原理。
2. 掌握蓄电池技术状况检查方法。
3. 掌握蓄电池充电方法及注意事项。

二、技能要求

1. 能检测蓄电池技术状况。
2. 能对蓄电池进行充电。

任务准备

一、蓄电池检修基础知识

1. 蓄电池的类型

蓄电池为不能拆分的整体式结构,主要由单格电池、联条、外壳、盖板以及极柱等组成。

蓄电池分为普通蓄电池和免维护蓄电池两大类,如图 4-9 所示。普通蓄电池需要定期检查并添加补充液。免维护蓄电池又分为湿式免维护蓄电池和干式免维护蓄电池。

a) 普通蓄电池　　　　b) 免维护蓄电池

图 4-9　汽车蓄电池的类型

2. 蓄电池的工作原理

(1) 放电过程。正极板上的二氧化铅和负极板上的铅都转变为硫酸铅,蓄电池向负载提供工作电流。放电过程硫酸逐渐被消耗生成水,电解液密度降低。

(2) 充电过程。发电机或充电机为蓄电池充电。正极板上的硫酸铅转变为二氧化铅,负极板上的硫酸铅转变为铅,充电过程水逐渐被消耗生成硫酸,电解液密度增大。

二、蓄电池检修工具设备知识

1. 折射计

折射计测量蓄电池电解液密度、冷却液和玻璃清洗液的凝固点温度,如图 4-10 所示。测量电解液密度时,通过电解液密度反映蓄电池的充电状态。使用折射计前,需要先进行校准。

2. 充电机

充电机分为轮式充电机和便携式充电机等多种类型,图 4-11 所示为便携式充电机。除了充电功能之外,一些充电机还具有电池状态检查、辅助起动、电池修复等功能。

图 4-10　折射计　　　　图 4-11　便携式充电机

任务实施

一、实训资源

（1）实训场地：汽车维修工位1个。
（2）实训车辆：丰田轿车1辆。
（3）工具耗材与设备：零件车、工具车（含常用工具、专用工具、抹布等）、维修手册1本、万用表等检测设备及相应电气元件、导线等。

二、安全注意事项

（1）做好车辆安全防护，做好个人安全防护，避免电路短路，操作过程要规范。
（2）不要徒手触碰灯泡玻璃等发热体，更换熔断器、继电器等有插脚电气元件时，避免损坏插脚和座孔。

三、操作过程

1. 检测蓄电池技术状况

检测蓄电池技术状况操作方法及说明见表4-10。

检测蓄电池技术状况操作方法及说明　　　　　表4-10

步　骤	操作方法及说明	质量标准及记录
1. 检测电解液密度（普通蓄电池）	（1）清洁、校准折射计，吸取少量电解液，涂于折射计前方盖板下方； （2）读取检测结果，判断蓄电池充电状态	□满电时，电解液相对密度为1.28
2. 检测蓄电池静态电压	（1）用外用表测量蓄电池正负极柱之间的电压； （2）判断蓄电池充电状态。完工检查	□满电时，蓄电池静态电压为12.7V
3. 检测蓄电池性能	（1）清洁蓄电池极桩（随车测量要关闭点火开关）； （2）连接测试仪，选择功能，开始测试； （3）读取结果，判断蓄电池性能状况。完工检查	□正确使用蓄电池检测仪 □正确判断蓄电池性能状况

2. 蓄电池充电

蓄电池充电操作方法及说明见表4-11。

蓄电池充电操作方法及说明　　　　　　　　　　　　　　表4-11

步　骤	操作方法及说明	质量标准及记录
蓄电池充电	(1) 做好个人防护及准备工作； (2) 一般红线接正极，黑线接负极，连接220V电源； (3) 通电并将充电电压调节合适挡位，观察充电电流，一般充电电流不超过15A； (4) 充电过程中应观察蓄电池状况，若蓄电池过热应及时中断充电程序； (5) 充电完成后，先拔下220V电源插头，关闭充电机电源，将充电机电压调节开关置于OFF挡，并断开充电线	□ 正确使用充电机 □ 正确选择充电电压和电流 □ 满电时，电解液相对密度为1.25~1.28，蓄电池端电压为12.5~12.9V 蓄电池充电

任务评价

蓄电池检修考核评分记录见表4-12。

蓄电池检修考核评分记录表　　　　　　　　　　　　　　表4-12

类别	序号	项　目	考核内容及要求	配分	评分标准 (各项配分扣完为止)	得分
专业知识 (20分)	1	蓄电池的类型	正确叙述蓄电池的类型	6	能回答问题，但回答不完整，按比例扣分；不能回答，扣5分	
	2	蓄电池的结构	正确叙述汽车蓄电池的结构	6	能回答问题，但回答不完整，按比例扣分；不能回答，扣5分	
	3	蓄电池的工作原理	正确叙述蓄电池的工作原理	8	能回答问题，但回答不完整，按比例扣分；不能回答，扣5分	
操作技能 (80分)	1	检查蓄电池外观	正确检测蓄电池外观	10	方法错误，扣10分；未完成，扣5分	
	2	检测蓄电池静态电压	正确检测和判断蓄电池静态电压	20	方法错误，扣10分；未完成，扣5分	
	3	检测蓄电池性能状态	正确检测和判断蓄电池性能状态	20	方法错误，扣10分；未完成，扣5分	

续上表

类别	序号	项目	考核内容及要求	配分	评分标准（各项配分扣完为止）	得分
操作技能（80分）	4	蓄电池充电	为蓄电池正确充电	10	方法错误，扣10分；未完成扣5分	
	5	正确使用工具、设备、材料	工具、设备使用正确	5	一种工具、设备、材料使用不正确，扣2分	
					损坏、丢失一件工具，不得分	
	6	操作规程	操作规程执行情况	10	违反操作规程，不得分	
	7	清理现场(5S管理)	清理、整理并回收工具和设备	5	少收一件工具、设备，扣1分	
分数总计				100	最终得分	

考核员签字：_____　　　　　　　　　　日期：_____年____月____日

任务4　起动系统检修(四级)

▶ 建议学时：1学时

一、知识要求

1. 掌握起动系统组成与工作原理。
2. 掌握起动机检查方法。
3. 掌握起动系统电路相关知识。

二、技能要求

1. 能检测起动机技术状况。
2. 能检修起动机总成。
3. 能检修起动机控制线路。

一、起动系统基础知识

1. 起动系统的组成与工作原理

起动系统的作用是使发动机从静止到正常运转。如图4-12所示,起动系统主要由点火开关、飞轮齿圈、起动机、蓄电池等组成。

项目四　汽车电器检修

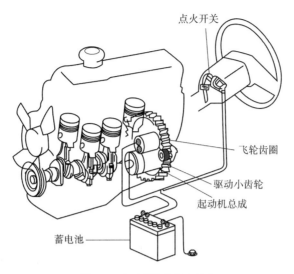

图4-12　起动系统的基本组成

打开点火开关,蓄电池向起动机供电,起动机驱动小齿轮带动发动机飞轮齿圈转动,进而带动发动机曲轴转动,将发动机起动。

2. 起动系统电路

起动系统电路主要由点火开关、空挡开关(或P/N挡开关)、起动继电器、起动机端子50、起动机端子30(常电)、直流电机、蓄电池和熔断器等组成,如图4-13所示。

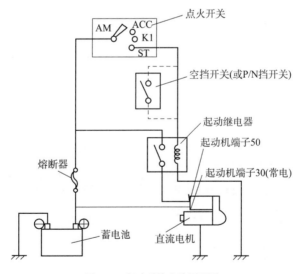

图4-13　起动系统电路原理图

二、汽车电路识图

1. 电路符号

电路符号是构成汽车电路原理图基本元素,表示电路连接和元件工作状态等。不同厂家电路符号不尽相同,以丰田汽车电路为例,常见的电路符号见表4-13。

常见电路符号　　　　　　　　　　　表4-13

符　号	含　义	符　号	含　义	符　号	含　义	符　号	含　义
	熔断丝		热变电阻		二极管		三极管
	断路器		点火开关		继电器		手动开关
	电阻		电动机		配线		双投掷开关
	稳压二极管		小灯		搭铁		电磁阀
	发光二极管		点火线圈		无级可变电阻		电容

2. 线束颜色

比对电路图与实际车辆的线束,按照颜色可以快速找出线束具体位置,提高维修效率。通常单色线束颜色与代码的对应关系为:B—黑色、G—绿色、Gr—灰色、R—红色、Br—棕色、Y—黄色、L—蓝色、O—橙色、V—紫色、W—白色;双色线束代码前一位为主色代码,后一位为辅色代码,例如R-W表示主线束颜色是红色,辅色为白色。

3. 插头与插座

电路图中,插头和插座的针脚编排规则是不一样的,其中插座的编号顺序为从左到右、插头的编号顺序从上到下,如图4-14所示。

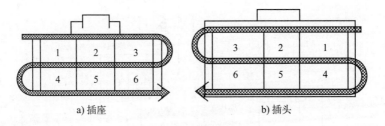

a) 插座　　　　　　　　b) 插头

图4-14　插座与插头针脚编号规则

任务实施

一、实训资源

(1)实训场地:汽车维修工位1个。
(2)实训车辆:丰田轿车1辆。

(3)工具耗材与设备:零件车、工具车(含常用工具、专用工具、抹布等)、维修手册1本、万用表等检测设备及相应电气元件、导线等。

二、安全注意事项

(1)做好车辆安全防护,做好个人安全防护,避免电路短路,操作过程要规范。
(2)不要徒手触碰灯泡玻璃等发热体,更换熔断器、继电器等有插脚电气元件时,避免损坏插脚和座孔。

三、操作过程

1. 检测起动机技术状况

检测起动机技术状况操作方法及说明见表4-14。

检测起动机技术状况操作方法及说明　　　　　　表4-14

步　骤	操作方法及说明	质量标准及记录
1.起动机牵引测试	(1)做好个人防护和工作准备; (2)将起动机50端子与蓄电池正极相连; (3)将起动机壳体与蓄电池负极相连; (4)用电缆连接蓄电池负极和起动机C端子; (5)观察起动机驱动小齿轮运动情况	□个人防护正确 □维修资料、工量具和设备齐全有效 □接通时起动机驱动小齿轮应能伸出
2.起动机保持测试	(1)在牵引测试的基础上,将起动机C端子与蓄电池负极断开; (2)观察起动机驱动小齿轮运动情况	□驱动小齿轮应能保持伸出状态

续上表

步骤	操作方法及说明	质量标准及记录
3. 起动机小齿轮退回测试	(1) 在保持测试的基础上,将起动机壳体与蓄电池负极断开; (2) 观察起动机驱动小齿轮运动情况	□断开控制电路时,起动机驱动小齿轮能迅速退回
4. 起动机无负荷测试	(1) 将起动机端子30与蓄电池正极相连; (2) 将起动机壳体与蓄电池负极相连; (3) 用电缆将起动机端子30与端子50相连; (4) 观察起动机运转状况	□起动机运转正常

2. 检修起动机总成

检修起动机总成操作方法及说明见表4-15。

检修起动机总成操作方法及说明　　　　　表4-15

步骤	操作方法及说明	质量标准及记录
1. 检修电磁开关	(1) 做好个防护和工作准备; (2) 检测电磁开关主触点,压入活动铁芯并保持,测电磁开关30端子与C端子电阻; (3) 检测电磁开关牵引线圈(50端子与C端子)电阻; (4) 检测保持线圈(50端子与电磁开关壳体)电阻	□个人防护正确 □保持按压活动铁芯,30端子与C端子电阻小于1Ω □牵引线圈(50端子与C端子)电阻小于1Ω □保持线圈(50端子与电磁开关壳体)电阻小于2Ω

续上表

步　骤	操作方法及说明	质量标准及记录
2. 检修电枢总成(转子)	(1)检查电枢线圈和换向器磨损情况； (2)检查电枢绕组圆跳动和换向器外径； (3)检测电枢绕组与铁芯之间的绝缘性； (4)检测电枢绕组导通性，测量换向片与换向片之间是否导通	□电枢线圈应无脏污、烧蚀,电枢线圈绝缘层无脱落损坏 □电枢圆跳动最大不超过0.05mm,换向器外径最小值28mm □电枢绕组与铁芯电阻大于10kΩ □换向片与换向片之间电阻小于1Ω
3. 检修定子总成	(1)检测励磁绕组与绕组之间导通性； (2)检测励磁绕组与壳体之间绝缘性； (3)测量电刷长度,检查正电刷与电刷底座之间绝缘性,检查负电刷与电刷底座之间导通性,以及电刷弹簧变形和电刷接线牢固情况	□励磁绕组与绕组之间电阻小于1Ω □励磁绕组与壳体之间电阻大于10kΩ □电刷长度最小值为9mm,正电刷与电刷底座之间电阻大于10kΩ,负极电刷与电刷底座之间电阻小于1Ω
4. 检查单向离合器	顺时针、逆时针转动驱动齿轮,检查其锁止情况	□顺时针转动齿轮时,能自由转动,逆时针转动时,齿轮应锁止

3. 检修起动机控制线路

检修起动机控制线路操作方法及说明见表4-16。

检修起动机控制线路操作方法及说明　　　　　　　　　　表4-16

步　骤	操作方法及说明	质量标准及记录
1. 检测蓄电池端电压	(1) 做好个人和车辆防护及工作准备； (2) 将点火开关置起动挡(ST)； (3) 测量蓄电池端电压	□蓄电池端电压大于9.6V
2. 检测端子30电压、端子50电压	(1) 检测端子30电压：将点火开关置起动挡(ST)，测量端子30电压； (2) 检测端子50电压：将点火开关置起动挡(ST)，测量端子50电压	□端子30电压大于8V □端子50电压大于8V

任务评价

起动系统检修考核评分记录见表4-17。

起动系统检修考核评分记录表　　　　　　　　　　表4-17

类别	序号	项　目	考核内容及要求	配分	评分标准 (各项配分扣完为止)	得分
专业知识 (20分)	1	起动系统的组成	正确叙述起动系统的组成	8	能回答问题，但回答不完整，按比例扣分；不能回答，扣5分	
	2	起动系统的工作过程	正确叙述起动系统的工作过程	6	能回答问题，但回答不完整，按比例扣分；不能回答，扣5分	
	3	起动系统电路知识	正确叙述起动系统电路工作原理	6	能回答问题，但回答不完整，按比例扣分；不能回答，扣5分	

续上表

类别	序号	项目	考核内容及要求	配分	评分标准（各项配分扣完为止）	得分
操作技能（80分）	1	检测起动机技术状况	正确检测起动机技术状况	20	方法错误,扣10分；未完成,扣5分	
	2	检修起动机总成	正确检修起动机总成	20	方法错误,扣20分；未完成,扣5分	
	3	检修起动机控制线路	正确检修起动机控制线路	20	方法错误,扣15分；未完成,扣5分	
	4	正确使用工具、设备、材料	工具、设备使用正确	5	一种工具、设备、材料使用不正确,扣2分	
					损坏、丢失一件工具,不得分	
	5	操作规程	操作规程执行正确	10	违反操作规程,不得分	
	6	清理现场(5S管理)	清理、整理并回收工具和设备	5	少收一件工具、设备,扣1分	
		分数总计		100	最终得分	

考核员签字：_____　　　　　　　日期：_____年___月___日

任务5　充电系统检修（四级）

▶ 建议学时：1学时

一、知识要求

1. 掌握充电系统组成与工作原理。
2. 掌握发电机检查方法。
3. 掌握充电系统电路相关知识。

二、技能要求

1. 能检测发电机技术状况。
2. 能检修发电机。
3. 能检修充电系统线路。

一、充电系统检修基础知识

1. 充电系统组成与工作原理

充电系统主要由发电机、蓄电池、充电指示灯、点火开关、供电线束等组成,如图4-15所示。发动机起动后,充电系统为车辆电器设备提供电源,并适时为蓄电池进行充电。

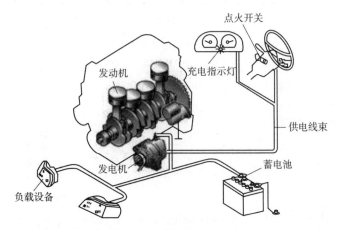

图4-15 充电系统组成

发动机通过传动带驱动发电机转子旋转,切割定子绕组产生交流感应电动势,整流器将交流电转化成直流电,对用电器供电和对蓄电池充电。

2. 充电系统电路

充电系统电路主要由蓄电池、熔断丝、点火开关、充电指示灯、IC电压调节器、交流发电机、导线等组成,如图4-16所示。

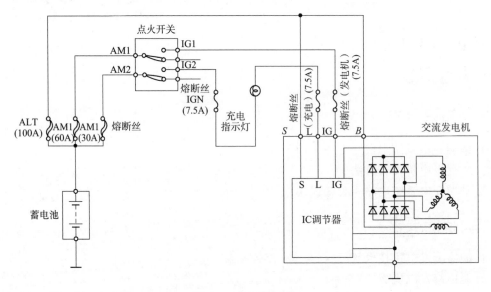

图4-16 充电系统电路

二、工具设备知识

钳形电流表用于在不切断电路的情况下测量电路中的电流,还可测量电压和电阻等参数。测量电流时前,应估计被测电流大小,选择合适的量程。测试灯是一种测量电路通断的简易工具。根据试灯发光程度还可以判断测试点的电压大小。

一、实训资源

(1)实训场地:汽车维修工位1个。
(2)实训车辆:丰田轿车1辆。
(3)工具耗材与设备:零件车、工具车(含常用工具、专用工具、抹布等)、维修手册1本、万用表等检测设备及相应电气元件、导线等。

二、安全注意事项

(1)做好车辆安全防护,做好个人安全防护,避免电路短路,操作过程要规范。
(2)不要徒手触碰灯泡玻璃等发热体,更换熔断器、继电器等有插脚电气元件时,避免损坏插脚和座孔。

三、操作过程

1. 检测发电机技术状况

检测发电机技术状况操作方法及说明见表4-18。

检测发电机技术状况操作方法及说明　　　表4-18

步　　骤	操作方法及说明	质量标准及记录
1. 检查仪表充电指示灯电路	(1)做好个人和车辆防护及工作准备; (2)起动车辆,并让车辆怠速运转; (3)观察仪表充电指示灯点亮情况	□发动机工作时,仪表充电指示灯先点亮后熄灭
2. 检测无负载时的充电系统电路	(1)起动发动机,让发动机转速达到2000r/min; (2)关闭车上所有负载; (3)用钳形电流表测量发电机输出电流; (4)测量蓄电池端电压 无负荷测验(调节电压检查)方法	□发电机输出电流小于10A □蓄电池充电电压在13.5~15.1V

续上表

步　骤	操作方法及说明	质量标准及记录
3.检测带负载时的充电系统电路	(1)起动发动机,让发动机转速达到2000r/min; (2)打开全车灯光、音响、空调等电器设备; (3)用钳形电流表测量发电机输出电流; (4)测量蓄电池端电压	□发电机输出电流大于30A □蓄电池充电电压在13.5～15.1V

2.检修发电机

检修发电机操作方法及说明见表4-19。

检修发电机操作方法及说明　　　　　　　　表4-19

步　骤	操作方法及说明	质量标准及记录
1.外观检查	(1)做好个人防护及工作准备; (2)检查前端盖、后端盖、后罩盖是否开裂、破损、变形,风扇与传动带轮有无变形和破损,端盖前、后轴承运转情况	□端盖应无变形、破损等缺陷 □风扇叶片、传动带轮无变形和破损等缺陷 □前后轴承运转自如
2.检测定子总成	(1)检视定子总成外观是否掉漆、磨损等异常; (2)检测定子绕组间的导通性; (3)检测定子绕组和壳体之间的绝缘性	□定子总成无缺陷 □定子绕组与绕组导通,电阻小于1Ω □定子绕组与壳体之间不导通,电阻无穷大

续上表

步　　骤	操作方法及说明	质量标准及记录
3.检测转子总成	(1) 检视转子总成是否松动、变形、烧蚀等异常； (2) 检测转子绕组电阻； (3) 检测转子绕组与转轴壳体之间的绝缘性； (4) 用游标卡尺测量滑环的外径	□转子总成外观无缺陷 □转子绕组电阻为 2~6Ω □转子绕组与转轴壳体间电阻无穷大 □滑环的圆柱度误差小于 0.025mm，滑环表面无严重烧蚀
4.检测电刷组件	(1) 目视检查电刷组件外观有无异常； (2) 用游标卡尺检测电刷中部尺寸	□电刷外观无缺陷 □电刷自然长度标准为 9.5~11.5mm，最小 4.5mm，电刷磨损截面规则
5.检测整流器	(1) 目视检查整流器外观有无异常； (2) 使用万用表二极管挡，测量二极管单向导通性，分别测量正极侧和负极侧二极管	□整流器无缺陷 □二极管正向导通，反向不导通

3.检修充电系统线路

检修充电系统线路操作方法及说明见表4-20。

检修充电系统线路操作方法及说明　　　　　　　表 4-20

步　骤	操作方法及说明	质量标准及记录
1. 检测充电指示灯电路	(1) 做好个人、车辆防护及工作准备; (2) 打开点火开关,不起动发动机,观察充电指示灯是否点亮; (3) 起动发动机怠速运行,观察充电指示灯是否熄灭; (4) 关闭点火开关,断开发电机插接器; (5) 打开点火开关不起动发动机,观察发电机插接器 L 端子与搭铁之间连接测试灯是否点亮	□打开点火开关,不起动发动机时,充电指示灯应点亮 □起动发动机后,充电指示灯应熄灭 □打开点火开关,不起动发动机,L 端子和搭铁之间的试灯应点亮
2. 检测发电机正极电路	起动发动机,测量发电机 B+ 端子和蓄电池正极之间的电压降(B+ 端子输出电压与蓄电池充电电压之差)	□发电机 B+ 端子和蓄电池正极之间的电压降小于 0.5V
3. 检测发电机搭铁电路	起动发动机,测量发电机外壳和蓄电池负极之间的电压降(蓄电池负极与发电机外壳之间的电压差)	□发电机外壳和蓄电池负极之间的电压降小于 0.5V

任务评价

充电系统检修考核评分记录见表 4-21。

充电系统检修考核评分记录表   表 4-21

类别	序号	项　　目	考核内容及要求	配分	评分标准 (各项配分扣完为止)	得分
专业知识 (20分)	1	充电系统的组成	正确叙述充电系统的组成	5	能回答问题,但回答不完整,按比例扣分;不能回答,扣5分	
	2	充电系统的工作过程	正确叙述充电系统的工作过程	5	能回答问题,但回答不完整,按比例扣分;不能回答,扣5分	
	3	充电系统电路知识	正确叙述充电系统电路工作原理	10	能回答问题,但回答不完整,按比例扣分;不能回答,扣10分	
操作技能 (80分)	1	检测发电机技术状况	正确检测发电机技术状况	20	方法错误,扣15分;未完成,扣5分	
	2	检修发电机	正确检修发电机	20	方法错误,扣20分;未完成,扣5分	
	3	检修充电系统线路	正确检修充电系统线路	20	方法错误,扣10分;未完成,扣5分	
	4	正确使用工具、设备	工具、设备使用正确	5	一种工具、设备、材料使用不正确,扣2分	
					损坏、丢失一件工具,不得分	
	5	操作规程	操作规程执行情况	10	违反操作规程,不得分	
	6	清理现场(5S管理)	清理、整理并回收工具和设备	5	少收一件工具、设备,扣1分	
		分数总计		100	最终得分	

考核员签字:_____　　　　　　　　　　　　　日期:_____年___月___日

任务6　照明、信号及仪表系统检修(四级)

▶ 建议学时:2学时

　考核要求

一、知识要求

1. 掌握照明、信号及仪表系统组成与工作原理。
2. 掌握照明、信号及仪表系统电路图知识。
3. 掌握照明、信号及仪表系统元件的检测方法。

二、技能要求

1. 能检修照明系统线路及元件。
2. 能检修信号系统线路及元件。
3. 能检修仪表线路。

任务准备

1. 照明、信号、仪表系统组成

照明、信号系统组成见前任务。仪表系统主要由组合仪表和相关的传感器、开关、导线等组成。组合仪表上集成了车速表、里程表、发动机转速表、水温表、燃油表以及各类指示灯、警告灯等，图4-17所示为典型的组合仪表。

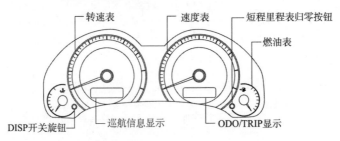

图4-17 典型组合仪表

2. 照明、信号、仪表系统电路图与工作原理

前照灯及远光指示灯电路主要由蓄电池、熔断器、点火开关、灯光组合开关、左右前照灯（近光和远光）、仪表指示灯和导线等组成。当打开点火开关，操作组合开关相应的挡位时，前照灯电路接通，灯泡点亮。当远光灯点亮时，仪表板上的远光指示灯点亮。

倒车灯电路主要由蓄电池、熔断器、点火开关、继电器、倒车灯开关、左右倒车灯等组成。当驾驶人挂入倒挡时，倒车灯电路接通，倒车灯点亮。

任务实施

一、实训资源

(1) 实训场地：汽车维修工位1个。
(2) 实训车辆：丰田轿车1辆。
(3) 工具耗材与设备：零件车、工具车（含常用工具、专用工具、抹布等）、维修手册1本、万用表等检测设备及相应电气元件、导线等。

二、安全注意事项

(1) 做好车辆安全防护，做好个人安全防护，避免电路短路，操作过程要规范。
(2) 不要徒手触碰灯泡玻璃等发热体，更换熔断器、继电器等有插脚电气元件时，避免损坏插脚和座孔。

三、操作过程

1. 检修照明系统线路及元件

以检修近光灯线路及元件为例,介绍照明系统线路及元件的检修方法。检修近光灯线路及元件操作方法及说明见表4-22。

检修近光灯线路及元件操作方法及说明　　　　表 4-22

步　　骤	操作方法及说明	质量标准及记录
1. 检查前照灯工作情况	(1) 做好车辆防护和工作准备; (2) 将灯光开关拨至近光灯位置,观察近光灯点亮情况	□灯光开关拨至近光位置,近光灯应点亮
2. 检测蓄电池静态电压	见项目四任务1	—
3. 检测熔断器通断情况	(1) 查阅维修手册,查找熔断器位置; (2) 将试灯鳄鱼夹一端固定在蓄电池负极,另一端测量端分别测量熔断器 HEAD RH、熔断器 HEAD LH 两端观察试灯是否点亮	□使用试灯测量熔断器两端,试灯应均点亮 □如试灯有一侧不点亮,熔断器烧断,更换相同规格熔断器
4. 检测近光灯灯丝导通情况	(1) 打开发动机舱盖,拆卸前照灯近光灯泡,观察灯丝有无烧断; (2) 使用万用表欧姆挡检测灯丝导通性	□目视检查灯丝有无烧断 □万用表欧姆挡测量灯丝导通性,应导通 □灯丝如有烧断或者灯丝不导通应更换相同规格灯泡
5. 检测灯光组合开关导通性	(1) 松开灯光组合开关C8; (2) 开关拨至近光位置,测端子 8~11 的导通性	□近光位置时,端子 8~11 应导通,电阻小于1Ω,否则更换灯光组合开关

续上表

步　骤	操作方法及说明	质量标准及记录
6.检测近光线束导通性	(1)松开灯光组合开关C8 (2)测量熔断器 HEAD RH 端子2与组合开关C8端子8 红/绿线束之间的导通性 (3)测量熔断器 HEAD LH 端子2与组合开关C8端子8 红/绿线束之间的导通性	□熔断器 HEAD RH 端子2与组合开关C8端子8之间导通 □熔断器 HEAD LH 端子2与组合开关C8端子8间导通,电阻小于1Ω

2.检修信号系统线路及元件

以检修倒车灯线路及元件为例,介绍信号系统线路及元件的检修方法。检修倒车灯线路及元件操作方法及说明见表4-23。

检修倒车灯线路及元件操作方法及说明　　　　　表4-23

步　骤	操作方法及说明	质量标准及记录
1.检查倒车灯工作情况	(1)做好车辆防护及工作准备; (2)拉紧驻车制动器,挡位在P挡或N挡; (3)打开点火开关至ON挡,踩下制动踏板,挂入R挡,检查倒车点亮情况	□拉紧驻车制动器,挂入P挡或N挡,确保安全 □挂入倒挡,倒车灯应点亮
2.检测蓄电池静态电压	见项目四的任务1	—
3.检测熔断器通断情况	(1)查阅维修手册,查找熔断器位置; (2)点火开关至ON挡,将试灯鳄鱼夹一端与车身搭铁,另一端测量分别测量ALT100A、AMI25A、GAUGE熔断器两端、观察试灯是否点亮	□使用试灯测量熔断器两端,试灯应均点亮 □如试灯有一侧不点亮,或电阻不在标准范围内,更换相同规格熔断器

续上表

步　骤	操作方法及说明	质量标准及记录
4.检测倒车灯丝导通情况	(1)打开行李舱盖,拆卸倒车灯线束,观察灯丝有无烧断; (2)用万用表欧姆挡检测灯丝导通性	□检视灯丝有无烧断 □用万用表欧姆挡测量灯丝导通性,应导通 □如灯丝烧断或者灯丝不导通,应更换相同规格灯泡
5.检查倒车灯开关	挂入倒挡,检查倒车灯开关是否导通	□挂入倒挡后,倒车灯开关应导通
6.检测GAUGE 10A熔断器至倒车灯泡线束导通性	(1)查阅维修手册,确定熔断器位置; (2)点火开关打开至ON挡,挂入倒挡,打开车行李舱盖,松开B14、B15制动灯线束插头,测量B14或B15线束端子1与车身之间电压	□B14或B15线束端子1与车身之间电压应在12V以上

3.检修仪表系统线路

以检修远光指示灯线路为例,介绍仪表系统线路的检修方法。检修远光指示灯线路操作方法及说明见表4-24。

检修远光指示灯线路操作方法及说明　　　　　　　　　　表4-24

步　骤	操作方法及说明	质量标准及记录
1.检查远光指示灯点亮情况	(1)做好车辆防护及工作准备; (2)将灯光开关拨至远光位置,观察远光灯、远光指示灯点亮情况	□灯光开关拨至远光位置,远光灯、远光指示灯应点亮
2.检测远光指示灯熔断器通断情况	(1)查阅维修手册,查找熔断器位置; (2)试灯一端分别测量15A DOME熔断器两端,观察试灯是否点亮	□用试灯测量熔断器两端,试灯应均点亮 □如试灯有一侧不亮,熔断器烧断,更换熔断器
3.检测远光指示灯熔断器至仪表远光指示灯线束端子14导通性	拆卸仪表板,松开仪表线束插头,取下15A DOME熔断器,使用万用表欧姆挡检测15A DOME熔断器线束端子2至仪表板远光指示灯端子14电阻	□15A DOME熔断器线束端子2至仪表板远光指示灯端子14电阻应小于1Ω

续上表

步 骤	操作方法及说明	质量标准及记录
4. 检测仪表线束至灯光组合开关线束之间导通性	(1)松开组合灯光开关C8线束接头; （C8接头示意图：4 3 2 1 / 13 12 11 10 9 8 7 6 5） (2)测量仪表指示灯端子13与灯光组合开关C8端子9之间的导通性	□仪表指示灯端子13与组合灯光开关C8端子9之间电阻应小于1Ω

任务评价

照明、信号及仪表系统检修考核评分记录见表4-25。

照明、信号及仪表系统检修考核评分记录表　　　表4-25

类别	序号	项目	考核内容及要求	配分	评分标准（各项配分扣完为止）	得分
专业知识（20分）	1	照明系统的组成和作用	正确叙述照明系统的组成和作用	5	能回答问题，但回答不完整，按比例扣分；不能回答，扣5分	
	2	信号系统的组成和作用	正确叙述信号系统的组成和作用	5	能回答问题，但回答不完整，按比例扣分；不能回答，扣5分	
	3	照明、信号及仪表系统电路原理	正确叙述照明、信号及仪表系统电路原理	10	能回答问题，但回答不完整，按比例扣分；不能回答，扣5分	
操作技能（80分）	1	检修照明系统线路及元件	正确检修照明系统线路及元件	20	方法错误，扣20分；未完成，扣5分	
	2	检修信号系统线路及元件	正确检修信号系统线路及元件	20	方法错误，扣15分；未完成，扣5分	
	3	检修仪表系统线路	正确检修仪表系统线路	20	方法错误，扣10分；未完成，扣5分	
	4	正确使用工具、设备、材料	工具、设备、材料使用正确	5	一种工具、设备、材料使用不正确，扣2分	
					损坏、丢失一件工具，不得分	
	5	操作规程	操作规程执行情况	10	违反操作规程，不得分	
	6	清理现场（5S管理）	清理、整理并回收工具和设备	5	少收一件工具、设备，扣1分	
分数总计				100	最终得分	

考核员签字：＿＿＿＿＿＿＿＿＿　　　　　　　　　日期：＿＿＿＿年＿＿＿月＿＿＿日

任务7　辅助电器系统检修(四级)

▶ 建议学时:2学时

考核要求

一、知识要求

1. 掌握辅助电器系统组成与工作原理。
2. 掌握刮水器电动机及开关检查、更换方法。
3. 掌握电动车窗电机及开关检查、更换方法。
4. 掌握电动座椅电机及控制开关检查、更换方法。
5. 掌握电动后视镜及开关检查、更换方法。
6. 掌握电动门锁电机及开关检查、更换方法。

二、技能要求

1. 能检查、更换刮水器电机及开关。
2. 能检查、更换电动车窗电机及开关。
3. 能检查、更换电动座椅电机及控制开关。
4. 能检查、更换电动后视镜及开关。
5. 能检查、更换门锁电机及开关。

任务准备

汽车辅助电器系统主要包括电动刮水器、电动车窗、电动座椅、电动后视镜、电控门锁防盗等系统,其中电动车窗、电动座椅、电动后视镜、电控门锁防盗等的基本工作原理相同,都是通过直流电动机的正反转来实现直线运动。

1. 电动刮水器

电动刮水系统是汽车电器的重要组成部分,主要由刮水器电动机、刮水器臂、联动装置、车窗清洗器等组成,如图4-18所示。

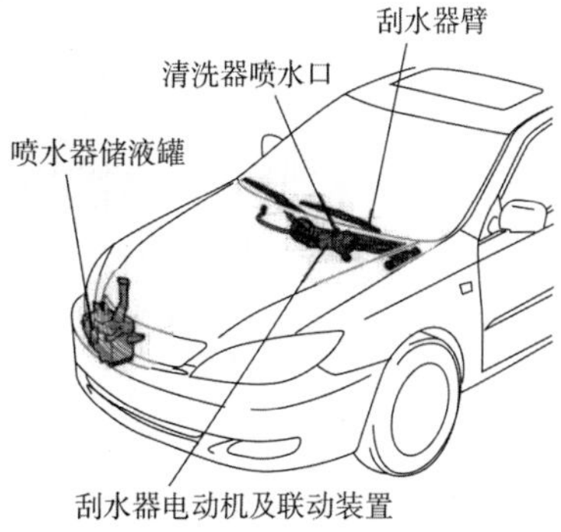

2. 电动车窗

电动车窗系统采用永磁式电机来操作每个车窗,如图4-19所示。电机的工作不仅可以由单个主开关控制,也可以由单个车窗开关组成的组合开关来控制。车窗的升高和降低取决于供给车窗电机的电流方向。

图4-18　电动刮水系统

3. 电动座椅

电动座椅由座椅滑动开关、升降开关、靠背倾角调节开关等控制元件及其各自负载电机(共计6个)组成,如图4-20所示。

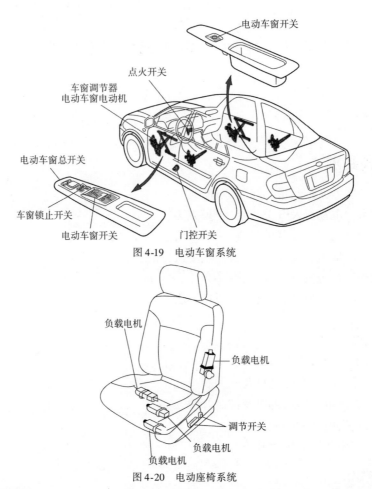

图 4-19 电动车窗系统

图 4-20 电动座椅系统

4. 电动后视镜

电动后视镜由两个永磁直流电动机、传递机构、组合开关、镜面玻璃等组成,如图 4-21 所示。其中,两个永磁电动机分别控制后视镜的上下偏转和左右偏转。

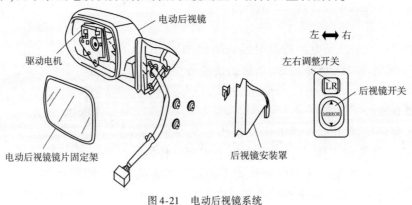

图 4-21 电动后视镜系统

5. 电动门锁

电动中控门锁与防盗系统是既相互联系又有区别的两个系统,防盗功能的实现依赖于中控门锁正常工作,如图 4-22 所示。

项目四 汽车电器检修

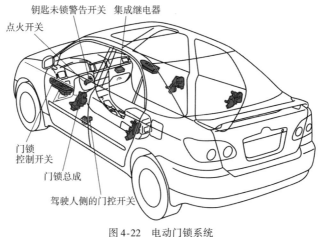

图 4-22 电动门锁系统

任务实施

一、实训资源

(1) 实训场地:汽车维修工位 1 个。
(2) 实训车辆:丰田轿车 1 辆。
(3) 工具耗材与设备:零件车、工具车(含常用工具、专用工具、抹布等)、维修手册 1 本、万用表等检测设备及相应电气元件、导线等。

二、安全注意事项

(1) 做好车辆安全防护,做好个人安全防护,避免电路短路,操作过程要规范。
(2) 不要徒手触碰灯泡玻璃等发热体,更换熔断器、继电器等有插脚电气元件时,避免损坏插脚和座孔。

三、操作过程

1. 检查、更换刮水器电动机及开关

检查、更换刮水器电动机及开关操作方法及说明见表 4-26。

检查、更换刮水器电动机及开关操作方法及说明　　表 4-26

步　骤	操作方法及说明	质量标准及记录
1. 检测前刮水器开关(左侧驾驶型)	(1) 检测点动挡(MIST)端子 7-8 的导通性; (2) 检测关闭挡(OFF)端子 6-7 的导通性; (3) 检测间歇挡(INT)端子 7-8 的导通性; (4) 检测低速挡(LO)端子 7-8 的导通性; (5) 检测高速挡(HI)端子 8-9 的导通性	□各挡位端子均应导通

129

续上表

步　骤	操作方法及说明	质量标准及记录
2. 检测前洗涤器开关(左侧驾驶型)	(1)检测关闭挡(OFF)端子4-5的导通性； (2)检测关闭挡(OFF)端子4-5的导通性	□关闭挡（OFF）端子4-5 不导通 □关闭挡（OFF）端子4-5 应导通
3. 检查刮水器电动机(左侧驾驶型)	(1)将蓄电池正极接在连接器端子1上，负极接在连接器端子5上，检查电机低速挡运行； (2)将蓄电池正极接在连接器端子4上，负极接在连接器端子5上，检查电机高速挡运行； (3)检查自动停止运行： ①将蓄电池正极接在连接器端子1上，负极接在连接器端子5上，在电机低速旋转时，断开端子1使刮水器电机停止在除自动停止位置以外的任何位置； ②连接端子1与端子3； ③检查蓄电池正极与端子2的连接情况，重新起动电机至低速，检查电机自动停止位置	□低速挡运行 □高速挡运行 □自动停止位置正常 检查刮水器电动机总成
4. 更换前刮水器和喷洗器开关	(1)拆卸:拆卸转向柱下罩→拆卸转向柱上罩→拆卸并取出前刮水器和喷水器开关； (2)安装:按拆卸反向顺序安装，完工检测	□安装牢固,零件无损坏 □更换后,前刮水器和喷洗器工作正常
5. 更换刮水器电动机	(1)拆卸:拆卸前刮水臂端盖→拆卸左右刮水臂和刮水片总成→拆卸风窗玻璃下方护板及其附件→拆卸刮水器电动机连杆机构→拆卸并取出刮水器电动机； (2)安装:按拆卸反向顺序安装	□正确拆卸 □安装牢固,零件无损坏 □更换后,刮水器电动机工作正常

2.检查、更换电动车窗电机及开关

检查、更换电动车窗电机及开关操作方法及说明见表4-27。

检查、更换电动车窗电机及开关操作方法及说明 表4-27

步　　骤	操作方法及说明	质量标准及记录
1.检测乘员侧车窗主开关(车窗未锁止时)	(1)测开关关闭状态(OFF)端子1-13、1-15导通性； (2)检测开关上升挡(UP)端子6-13、1-15导通性； (3)检测开关下降挡(DOWN)端子6-15、1-13导通性	□各挡位端子均应导通
2.检测右后侧车窗主开关(车窗未锁止时)	(1)检测开关关闭状态(OFF)端子1-16、端子1-18的导通性； (2)检测开关上升挡(UP)端子6-18、端子1-16的导通性； (3)检测开关下降挡(DOWN)端子6-16、端子1-18的导通性	□各挡位端子均应导通
3.检测左后侧车窗主开关(车窗未锁止时)	(1)检测开关关闭状态(OFF)端子1-10、1-12的导通性； (2)检测开关上升挡(UP)端子6-12、1-10的导通性； (3)检测开关下降挡(DOWN)端子6-10、1-12的导通性	□各挡位端子均应导通
4.检测乘员侧车窗主开关(车窗锁止时)	(1)检测开关关闭状态(OFF)端子13-15的导通性； (2)检测开关上升挡(UP)端子6-13、1-15的导通性； (3)检测开关下降挡(DOWN)端子6-15、1-13的导通性	□端子13-15导通； □端子6-13导通，端子1-15无穷大 □端子6-15导通，端子1-13无穷大
5.检测右后侧车窗主开关(车窗锁止时)	(1)检测开关关闭状态(OFF)端子16-18的导通性； (2)检测开关上升挡(UP)端子6-18、1-16的导通性； (3)检测开关下降挡(DOWN)端子6-16、1-18的导通性	□端子16-18、端子6-18、6-16导通 □端子1-16、1-18无穷大
6.检测左后侧车窗主开关(车窗锁止时)	(1)检测开关关闭状态(OFF)端子10-12的导通性； (2)检测开关上升挡(UP)端子6-12、1-10的导通性； (3)检测开关下降挡(DOWN)端子6-10、1-12的导通性	□端子10-12、端子6-12、6-10导通 □端子1-10、端子1-12无穷大

续上表

步骤	操作方法及说明	质量标准及记录
7. 检测右前乘员侧分控开关	(1) 检测开关关闭状态(OFF)1-2、3-5 的导通性； (2) 检测开关上升挡(UP)1-2、3-4 的导通性； (3) 检测开关下降挡(DOWN)1-4、3-5 的导通性	□各挡位端子均应导通
8. 检查车窗电机	(1) 用两根导线连接蓄电池正负极，将电压加到对应的连接器端子上（正极—端子5，负极—端子4），检查电机正转运行平稳； (2) 用两根导线连接蓄电池正负极，将电压加到对应的连接器端子上（正极—端子4，负极—端子5），检查电机反转运行平稳	□正转运行平稳 □反转运行平稳
9. 更换电动车窗主开关	(1) 拆卸：拆卸前扶手总成→拆卸带前门扶手座面板的电动车窗主开关→从前门扶手座面板上拆下电动车窗主开关； (2) 安装：将电动车窗主开关安装到前门扶手座面板→安装带前门扶手座面板的电动车窗开关→安装前扶手总成→检查工作情况	□正确拆卸 □安装牢固，零件无损坏 □电动车窗主开关工作正常
10. 更换车窗电机(前门)	(1) 拆卸：断开蓄电池负极→拆卸前门饰板及附件→拆卸前门玻璃分总成→拆卸前门升降器总成→拆卸并取出车窗电机； (2) 安装：按拆卸反向顺序安装	□正确拆卸 □安装牢固，零件无损坏 □更换后，车窗电机工作正常

3.检查、更换电动座椅电机及控制开关

检查、更换电动座椅电机及控制开关操作方法及说明见表4-28。

检查、更换电动座椅电机及控制开关操作方法及说明　　　　表4-28

步　骤	操作方法及说明	质量标准及记录
1.检测座椅滑动开关	（1）检测开关关闭（OFF）状态端子2-11、端子2-12、端子5-11、端子5-12的导通性； （2）检测开关按下（前）端子2-11、端子2-12、端子5-7、端子5-8的导通性； （3）检测开关按下（后）端子2-7、端子2-8、端子5-11、端子5-12的导通性	□各端子均应导通
2.检测座椅升降开关	（1）检测开关关闭（OFF）状态端子3-11、端子3-12、端子4-11、端子4-12的导通性； （2）检测开关按下（上）端子3-7、端子3-8、端子4-11、端子4-12的导通性； （3）检测开关按下（下）端子4-7、端子4-8、端子3-11、端子3-12的导通性	□各端子均应导通
3.检测座椅靠背倾角调节开关	（1）检测靠背倾角调节开关关闭（OFF）状态端子9-11、端子9-12、端子10-11、端子10-12的导通性； （2）检测靠背倾角调节开关按下（前）端子9-11、端子9-12、端子10-7、端子10-8的导通性； （3）检测靠背倾角调节开关按下（后）端子9-7、端子9-8、端子10-11、端子10-12的导通性	□各端子均应导通
4.检查座椅前后滑动电机	（1）用两根导线连接蓄电池正负极，将电压加到对应的连接器端子上（正极—端子2，负极—端子5），检查电机向前运行平稳； （2）用两根导线连接蓄电池正负极，将电压加到对应的连接器端子上（正极—端子5，负极—端子2），检查电机向后运行平稳	□向前运行平稳 □向后运行平稳

续上表

步 骤	操作方法及说明	质量标准及记录
5.检查座椅升降电机	(1)用两根导线连接蓄电池正负极,将电压加到对应的连接器端子上(正极—端子3,负极—端子4),检查电机向上运行平稳; (2)用两根导线连接蓄电池正负极,将电压加到对应的连接器端子上(正极—端子4,负极—端子3),检查电机向下运行平稳	□向上运行平稳 □向下运行平稳
6.检查座椅靠背倾角调节机	(1)用两根导线连接蓄电池正负极,将电压加到对应的连接器端子上(正极—端子9,负极—端子10),检查电机向前运行平稳; (2)用两根导线连接蓄电池正负极,将电压加到对应的连接器端子上(正极—端子10,负极—端子9),检查电机向后运行平稳	□向前运行平稳 □向后运行平稳
7.更换前排电动座椅开关	(1)拆卸:断开蓄电池负极→拆卸前排座椅总成→断开分离式前排座椅靠背护面→拆卸座椅垫护板→拆卸电动座椅滑动和高度调节开关旋钮→拆卸电动座椅倾角调节开关旋钮→拆卸前排电动座椅开关; (2)安装:按拆卸反向顺序安装	□正确拆卸 □安装牢固,零件无损坏 □更换后,电动座椅工作正常

4.检查、更换电动后视镜及开关

检查、更换电动后视镜及开关操作方法及说明见表4-29。

检查、更换电动后视镜及开关操作方法及说明　　　　　　　　表4-29

步　　骤	操作方法及说明	质量标准及记录
1. 检测左侧(L)后视镜开关	(1)检测开关上(UP)端子8-4、端子7-6的导通性； (2)检测开关下(DOWN)端子8-6、端子7-4的导通性； (3)检测开关左(LEFT)端子8-5、端子7-6的导通性； (4)检测开关右(RIGHT)端子8-6、端子7-5的导通性	□各端子均应导通
2. 检测右侧(R)后视镜开关	(1)检测开关上(UP)端子8-3、端子7-6的导通性； (2)检测开关下(DOWN)端子8-6、端子7-3的导通性； (3)检测开关左(LEFT)端子8-2、端子7-6的导通性； (4)检测开关右(RIGHT)端子8-6、端子7-2的导通性	□各端子均应导通
3. 检查左侧(L)后视镜电机上、下运行情况	(1)用两根导线连接蓄电池正负极，将电压加到对应的连接器端子上(正极—端子4,负极—端子6)，检查电机正转运行平稳； (2)用两根导线连接蓄电池正负极，将电压加到对应的连接器端子上(正极—端子6,负极—端子4)，检查电机反转运行平稳	□正转运行平稳 □反转运行平稳
4. 检查左侧(L)后视镜电机左、右运行情况	(1)用两根导线连接蓄电池正负极，将电压加到对应的连接器端子上(正极—端子5,负极—端子6)，检查电机正转运行平稳； (2)用两根导线连接蓄电池正负极，将电压加到对应的连接器端子上(正极—端子6,负极—端子5)，检查电机反转运行平稳	□正转运行平稳 □反转运行平稳
5. 检查右侧(R)后视镜电机上、下运行情况	(1)用两根导线连接蓄电池正负极，将电压加到对应的连接器端子上(正极—端子3,负极—端子6)，检查电机正转运行平稳； (2)用两根导线连接蓄电池正负极，将电压加到对应的连接器端子上(正极—端子6,负极—端子3)，检查电机反转运行平稳	□正转运行平稳 □反转运行平稳
6. 检查右侧(R)后视镜电机左、右运行情况	(1)用两根导线连接蓄电池正负极，将电压加到对应的连接器端子上(正极—端子2,负极—端子6)，检查电机正转运行平稳； (2)用两根导线连接蓄电池正负极，将电压加到对应的连接器端子上(正极—端子6,负极—端子2)，检查电机反转运行平稳	□正转运行平稳 □反转运行平稳
7. 更换电动后视镜开关	(1)拆卸：拆卸仪表组下装饰板总成→拆卸电动后视镜开关； (2)安装：按拆卸反向顺序安装	□正确拆卸 □安装牢固,零件无损坏 □更换后,电动后视镜工作正常

续上表

步骤	操作方法及说明	质量标准及记录
8.更换电动后视镜	(1)拆卸:拆卸车门辅助拉手盖→拆卸前扶手总成→拆卸带前扶手座面板的电动车窗主开关→拆卸门控灯总成→拆卸前门框支架装饰条→拆卸前门装饰板分总成→拆卸电动后视镜总成; (2)安装:按拆卸反向顺序安装	□正确拆卸 □安装牢固,零件无损坏 □更换后,电动后视镜工作正常

5. 检查、更换门锁电机及开关

检查、更换门锁电机及开关操作方法及说明见表4-30。

检查、更换门锁电机及开关操作方法及说明　　　　　　　　　　表4-30

步骤	操作方法及说明	质量标准及记录
1.检测门锁控制开关	(1)检测开关锁止(LOCK)端子5-1(3)导通性; (2)检测开关开锁(UNLOCK)端子8-1(3)导通性	□各端子均应导通
2.检测钥匙控制开关	(1)检测开关锁止(LOCK)端子4-2的导通性; (2)检测开关开锁(UNLOCK)端子3-2的导通性	□各端子均应导通
3.检测车门开启检测开关	检测车门开启检测开关触点端子1-2的导通性	□导通
4.检查门锁电机D10(驾驶人侧)电机	(1)用两根导线连接蓄电池正负极,将电压加到对应的连接器端子上(正极—端子5,负极—端子6),检查电机锁止正常;	□锁止正常

续上表

步　骤	操作方法及说明	质量标准及记录
4.检查门锁电机 D10(驾驶人侧)电机	(2)用两根导线连接蓄电池正负极,将电压加到对应的连接器端子上(正极—端子6,负极—端子5),检查电机开锁正常	□开锁正常
5.检查门锁电机 D9(前排乘客侧)	(1)用两根导线连接蓄电池正负极,将电压加到对应的连接器端子上(正极—端子1,负极—端子2),检查电机锁止正常; (2)用两根导线连接蓄电池正负极,将电压加到对应的连接器端子上(正极—端子2,负极—端子1),检查电机开锁正常	□锁止正常 □开锁正常
6.检查门锁电机 D11(左后门锁)	(1)用两根导线连接蓄电池正负极,将电压加到对应的连接器端子上(正极—端子1,负极—端子2),检查电机锁止正常; (2)用两根导线连接蓄电池正负极,将电压加到对应的连接器端子上(正极—端子2,负极—端子1),检查电机开锁正常	□锁止正常 □开锁正常
7.检查门锁电机 D12(右后门锁)	(1)用两根导线连接蓄电池正负极,将电压加到对应的连接器端子上(正极—端子1,负极—端子2),检查电机锁止正常; (2)用两根导线连接蓄电池正负极,将电压加到对应的连接器端子上(正极—端子2,负极—端子1),检查电机开锁正常	□锁止正常 □开锁正常
8.更换门锁电机开关	(1)拆卸:拆卸前扶手总成→拆卸带前门扶手座面板的电动车窗主开关→从前门扶手座面板上拆下电动车窗主开关; (2)安装:按拆卸反向顺序安装	□正确拆卸 □安装牢固,零件无损坏 □更换后,门锁工作正常
9.更换门锁电机	(1)拆卸:断开蓄电池负极→拆卸车门辅助拉手盖→拆卸前扶手总成→拆卸电动车窗开关→拆卸门控灯总成→拆卸下门框支架装饰条→拆卸前门装饰板→拆卸前门检修孔盖→拆卸前门玻璃分总成和升降槽→拆卸前门后下门框分总成→拆卸带锁芯总成的前门外把手盖→拆卸并取出门锁电机; (2)安装:按拆卸反方向进行安装	□正确拆卸 □安装牢固,零件无损坏

续上表

步　　骤	操作方法及说明	质量标准及记录
9.更换门锁电机		□更换后，门锁工作正常

任务评价

辅助电器系统检修考核评分记录见表4-31。

辅助电器系统检修考核评分记录表　　　　表4-31

类别	序号	项　　目	考核内容及要求	配分	评分标准 (各项配分扣完为止)	得分
专业知识 (20分)	1	电动刮水系统的组成	正确叙述电动刮水系统的组成	5	能回答问题，但回答不完整，按比例扣分；不能回答，扣4分	
	2	电动后视镜的组成	正确叙述电动后视镜的组成	5	能回答问题，但回答不完整，按比例扣分；不能回答，扣4分	
	3	中控门锁系统的组成	正确叙述中控门锁系统的组成	10	能回答问题，但回答不完整，按比例扣分；不能回答，扣4分	
操作技能 (80分)	1	检查、更换刮水器电动机及开关	正确检查、更换刮水器电动机及开关	20	方法错误，扣10分；未完成，扣5分	
	2	检查、更换电动车窗电机及开关	正确检查、更换电动车窗电机及开关	20	方法错误，扣10分；未完成，扣5分	
	3	检查、更换电动座椅电机及开关	正确检查、更换电动座椅电机及开关	20	方法错误，扣10分；未完成，扣5分	
	4	正确使用工具、设备、材料	工具、设备使用正确	5	一种工具、设备、材料使用不正确，扣2分 损坏、丢失一件工具，不得分	
	5	操作规程	操作规程执行情况	10	违反操作规程，不得分	
	6	清理现场(5S管理)	清理、整理并回收工具和设备	5	少收一件工具、设备，扣1分	
		分数总计		100	最终得分	

考核员签字：_____　　　　　　　　　　　　日期：_____年____月____日

任务8　空调系统检修(五级、四级、三级)

▶ 建议学时:2学时

一、知识要求

1. 掌握空调系统组成与工作原理。
2. 掌握电磁离合器检测技术要求。
3. 掌握汽车空调控制电路图相关知识。
4. 掌握空调压力表、冷媒加注回收机操作规程。
5. 掌握空调取暖和通风系统组成与工作原理。
6. 掌握鼓风机和通风装置拆装技术要求。

二、技能要求

1. 能检查空调压缩机电磁离合器。
2. 能检查空调制冷循环系统技术状况。
3. 能检查、更换制冷系统各组件(膨胀阀、冷凝器、储液干燥过滤器)。
4. 能拆装暖风控制水阀。
5. 能拆装鼓风机和通风装置。

一、空调系统基础知识

1. 制冷系统

制冷系统主要由压缩机、冷凝器、储液干燥过滤器、膨胀阀、蒸发器及控制系统等组成,如图4-23所示。压缩机为驱动制冷剂在制冷系统中的循环提供动力。冷凝器和车外空气进行热交换,将来自压缩机的高温高压制冷剂气体冷凝成中温高压的制冷剂液体。储液干燥过滤器控制冷凝器出口处的制冷剂量,并除去制冷剂中的水分和杂质。膨胀阀通过一个细孔将高温高压的液体制冷剂变为低温低压的雾状制冷剂,同时调整进入蒸发器的制冷剂量。蒸发器和车内外空气进行热交换,将低压雾状制冷剂蒸发为气态制冷剂,实现车内空气制冷和除湿。

2. 取暖系统

取暖系统主要由加热器芯、冷却液管路和控制装置等组成,如图4-24所示。取暖系统将发动机冷却液的热量传递给流经加热器芯的空气,对车厢内空气进行加热。

3. 通风系统

通风系统主要由鼓风机、风道和风门等组成,如图4-25所示。取暖系统将发动机冷却液的热量传递给流经加热器芯的空气,对车厢内空气进行加热。利用内外循环开关控制进入车厢的新鲜空气或再循环空气,利用出风模式开关控制出风风门和出风位置,利用鼓风机开关控制鼓风机开关和送风量大小。自动空调可以自动调整内外循环、出风模式和风量大小。

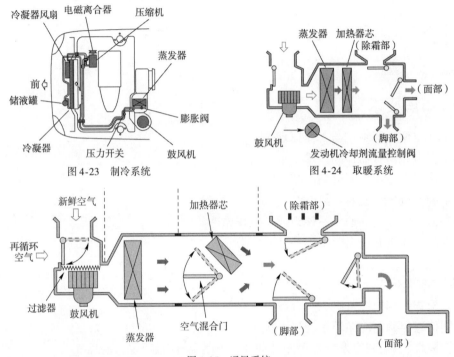

图 4-23 制冷系统　　　　　　　图 4-24 取暖系统

图 4-25 通风系统

4.汽车空调控制电路相关知识

汽车空调控制电路主要包括压缩机电磁离合器控制电路、鼓风机控制电路和冷凝器风扇控制电路等。下面以空调压缩机控制电路为例,说明其工作原理。如图 4-26 所示,当发动机控制单元(ECM)B8 端子检测到主电路有电压时,控制 C2 端子搭铁,A/C 继电器线圈通电,触电闭合,向压缩机离合器线圈供电,压缩机开始工作。鼓风机开关、A/C 开关、温控开关、低压开关和高压开关控制主电路的通断。

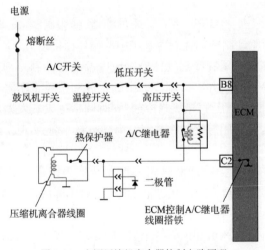

图 4-26 空调压缩机离合器控制电路原理

二、空调系统检修工具设备知识

1. 歧管压力表

如图 4-27 所示,歧管压力表红色组件与制冷系统的高压管路连接,蓝色组件与低压管路连接,中间黄色接头和软管可根据需要与真空泵或制冷剂罐连接。利用歧管压力表可以进行抽真空、加注制冷剂和诊断空调系统故障等操作。

2. 制冷剂回收加注机

制冷剂回收加注机是汽车空调系统检修的专用设备,如图 4-28 所示。利用制冷剂回收加注机可以进行回收和加注制冷剂等操作。

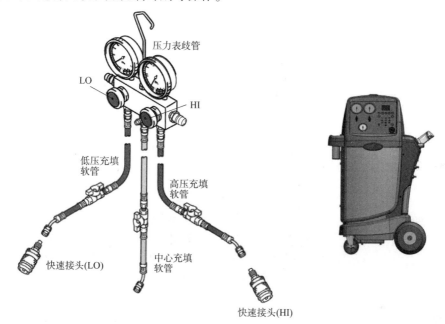

图 4-27　汽车空调歧管压力表　　图 4-28　制冷剂回收加注机

任务实施

一、实训资源

(1)实训场地:汽车维修工位 1 个。
(2)实训车辆:丰田轿车 1 辆。
(3)工具耗材与设备:零件车、工具车(含常用工具、专用工具、抹布等)、维修手册 1 本、万用表等检测设备及相应电气元件、导线等。

二、安全注意事项

(1)做好车辆安全防护,做好个人安全防护,避免电路短路,操作过程要规范。
(2)不要徒手触碰灯泡玻璃等发热体,更换熔断器、继电器等有插脚电气元件时,避免损坏插脚和座孔。

三、操作过程

1. 检查空调压缩机电磁离合器

检查空调压缩机电磁离合器操作方法及说明见表4-32。

检查空调压缩机电磁离合器操作方法及说明　　　　表4-32

步　骤	操作方法及说明	质量标准及记录
1. 检查电磁离合器外观	（1）目视检查电磁离合器轴承处有无漏油，运转后有无异常噪声，轴承有无无明显的松旷； （2）目视检查压板和传动带轮摩擦表面是否翘曲变形，是否存在过热和打滑而引起的刮损痕迹	□轴承处无漏油、噪声、松旷等异常 □工作面无变形、过热等异常
2. 测量电磁离合器线圈电阻	检测电磁线圈接线端子与搭铁之间的电阻	□正确使用万用表 □20℃时线圈电阻一般为 3.7±0.2Ω
3. 测量电磁离合器工作间隙	（1）用蓄电池向电磁离合器线圈提供12V直流电； （2）用百分表测量电磁离合器压力板与传动带轮之间的间隙	□正确使用百分表 □压力板与传动带轮之间的间隙一般为 0.3～0.6mm

2. 检查空调制冷循环系统技术状况

检查空调制冷循环系统技术状况操作方法及说明见表4-33。

检查空调制冷循环系统技术状况操作方法及说明　　　　表4-33

步　骤	操作方法及说明	质量标准及记录
1. 直观检查制冷系统工作情况	（1）做好个人和车辆防护及工作准备； （2）起动发动机至正常工作温度，打开所有车窗和车门； （3）打开空调，温度调至最低，风量调至最大，按下A/C开关、空气循环调至外循环，发动机的转速稳定在 1500r/min；	□正确设置车辆状态

续上表

步骤	操作方法及说明	质量标准及记录
1. 直观检查制冷系统工作情况	(4)打开发动机舱,观察制冷剂量填充量; (5)观察制冷系统管路运行状况	□制冷剂填充适量 □低压管路有水分凝结
2. 检查制冷系统管路压力	(1)连接歧管压力表; (2)起动发动机至正常工作温度,打开所有车窗和车门; (3)打开空调,温度调至最低,风量调至最大,按下 A/C 开关、空气循环调至外循环,发动机的转速稳定在 1500r/min; (4)读取高低压管路压力,判断是否正常	□正确使用歧管压力表 □正确设置车辆状态 □正确判断管路压力状况。低压侧为 0.15~0.25MPa,高压侧为 1.37~1.57MPa
3. 制冷系统性能测试	(1)起动发动机至正常工作温度,打开所有车窗和车门; (2)打开空调,温度调至最低,风量调至最大,按下 A/C 开关,空气循环调至外循环,发动机的转速稳定在 1500r/min; (3)测量进风口温度和湿度、出风口温度; (4)读取进风口和出风口温度差、进气口相对湿度,按标准表格判断空调制冷系统性能状况 注意:进气口温度在 30~35℃时,结果才准确	□正确使用温度计和湿度计 □正确设置车辆状态 □正确判断空调制冷系统性能状况

3. 检查、更换制冷系统各组件

检查、更换制冷系统各组件操作方法及说明见表 4-34。

检查、更换制冷系统各组件操作方法及说明　　　　　表 4-34

步　骤	操作方法及说明	质量标准及记录
1. 检查膨胀阀	(1) 将歧管压力表接入制冷系统; (2) 在制冷剂量充足、发动机怠速条件下,开启空调; (3) 检查低压侧压力	□低压侧压力正常范围为 0.15~0.25MPa,否则膨胀阀失效
2. 更换膨胀阀	(1) 拆卸:回收制冷剂→松开安装螺栓→拆下制冷管路→取出膨胀阀; (2) 安装:更换新的 O 型密封圈→安装膨胀阀和制冷管路→添加制冷剂→检漏	□正确拆卸 □安装牢固,零件无损坏,无泄漏 □更换后,制冷系统工作正常
3. 检查储液干燥过滤器	(1) 目视检查储液干燥过滤器外观; (2) 在制冷剂量充足、发动机怠速条件下,开启空调; (3) 用手触摸储液干燥过滤器进出口端,若存在较大温差,则储液干燥过滤器失效	□外观无破损和泄漏痕迹 □工作时进出口无明显温差
4. 更换储液干燥过滤器	(1) 拆卸:回收制冷剂→拆下冷凝器→拆下储液干燥过滤器盖→拆下卡簧和密封圈→拆下储液干燥过滤器; (2) 按拆卸反向顺序安装,添加制冷剂及检漏	□正确拆卸 □安装牢固,零件无损坏,无泄漏 □更换后,制冷系统工作正常
5. 检查冷凝器	目视检查冷凝器外观,应无变形、破损、脏污和泄漏等异常情况	□冷凝器外观正常
6. 更换冷凝器	(1) 拆卸:回收制冷剂→拆下前保险杠蒙皮→拆下进出口管路→拆下冷凝器; (2) 按拆卸反向顺序安装,添加制冷剂及检漏	□正确拆卸 □安装牢固,零件无损坏,无泄漏 □更换后,制冷系统工作正常

4. 更换暖风水阀和鼓风机

更换暖风水阀和鼓风机操作方法及说明见表4-35。

更换暖风水阀和鼓风机操作访求及说明　　　　表4-35

步骤	操作方法及说明	质量标准及记录
1.更换暖风水阀	(1)拆卸：回收冷却液→拆下拉线或断开线束连接器→拆下进出水管→取下暖风控制水阀； (2)安装：按拆卸反向顺序安装，添加冷却液，检查暖风系统工作情况	□正确拆卸 □安装牢固，零件无损坏，无泄漏 □更换后，暖风系统工作正常
2.更换鼓风机	(1)拆卸：拆下杂物箱及附件→断开线束连接器→拆下鼓风机电机； (2)按拆卸反向顺序安装	□正确拆卸 □安装牢固，零件无损坏 □更换后，鼓风机各挡位工作正常

任务评价

空调系统检修考核评分记录见表4-36。

空调系统检修考核评分记录表　　　　表4-36

类别	序号	项目	考核内容及要求	配分	评分标准（各项配分扣完为止）	得分
专业知识 (20分)	1	制冷系统的组成	正确叙述制冷系统的组成	5	能回答问题，但回答不完整，按比例扣分；不能回答，扣5分	
	2	通风系统的组成	正确叙述通风系统的组成	5	能回答问题，但回答不完整，按比例扣分；不能回答，扣5分	
	3	汽车空调控制电路相关知识	正确叙述汽车空调电路原理	10	能回答问题，但回答不完整，按比例扣分；不能回答，扣5分	

续上表

类别	序号	项目	考核内容及要求	配分	评分标准(各项配分扣完为止)	得分
操作技能(80分)	1	检查空调压缩机电磁离合器	正确检查空调压缩机电磁离合器	20	方法错误,扣15分;未完成,扣7.5分	
	2	检查空调制冷循环系统技术状况	正确检查空调制冷循环系统技术状况	20	方法错误,扣10分;未完成,扣5分	
	3	检查、更换制冷系统各组件(膨胀阀、冷凝器、储液干燥过滤器)	正确检查、更换制冷系统各组件(膨胀阀、冷凝器、储液干燥过滤器)	20	方法错误,扣10分;未完成,扣5分	
	4	正确使用工具、设备、材料	工具、设备使用正确	5	一种工具、设备、材料使用不正确,扣2分	
					损坏、丢失一件工具,不得分	
	5	操作规程	操作规程执行情况	10	违反操作规程,不得分	
	6	清理现场(5S管理)	清理、整理并回收工具和设备	5	少收一件工具、设备,扣1分	
分数总计				100	最终得分	

考核员签字:_____   日期:_____年___月___日

项目五　汽车发动机故障诊断与排除

项目描述

汽车发动机故障诊断与排除是汽车维修作业中非常重要的内容,当发动机处于故障状态,如不及时修复并排除故障,将影响发动机的正常使用,甚至加剧发动机损伤。因此,运用合适的诊断策略确定发动机故障原因,使用合适的方法和工具对发动机存在的故障进行排除,是汽车维修人员必须掌握的能力之一。

本项目通过介绍在维修发动机时应用到的发动机大修工艺和技术要求、发动机单个故障诊断时应掌握的知识、故障检修与排除过程中的规范操作,从而让读者学会发动机故障诊断与排除的方法和操作要点。

任务1　发动机大修(三级)

▶ 建议学时:4学时

考核要求

一、知识要求

1. 掌握发动机总成大修工艺规程及技术要求。
2. 掌握发动机大修竣工检验标准及条件。

二、技能要求

1. 能完成发动机总成大修。
2. 能完成发动机大修竣工检验。

任务准备

1. 发动机大修基础知识

大修是指发动机主要零部件出现磨损、断裂、破损和变形,造成发动机性能明显下降。将发动机总成彻底拆解后,用修理或更换零件的方法,使其达到完好技术状况和使用寿命的恢复性修理。

一般参考以下指标确定发动机达到大修的程度:

①汽缸压力差,各汽缸压力差达到或超过8%;

②怠速波动大,发动机怠速运转时,转速波动达到或超过50r/min;

③发动机功率下降,最大功率低于额定功率的90%;
④燃油消耗率升高,发动机最低燃油消耗量超过设计要求燃油消耗量;
⑤发动机转矩下降,最大转矩低于标定值的90%。

一般发动机大修的工艺流程,如图5-1所示。

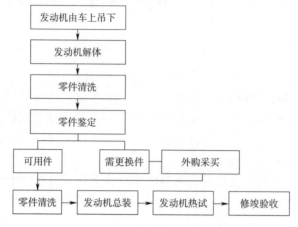

图5-1 发动机大修工艺流程图

2.发动机大修竣工检验标准

汽车发动机大修竣工后,质量评定一般包括起动运转检查,动力性、经济性测定,发动机四漏及涂漆等。竣工检验的条件主要包括:

①尾气合格,符合国家标准;
②汽缸压力合格,符合原设计标准;
③机油压力合格,符合原设计标准;
④无"四漏",既机油、冷却液、燃油、气体泄漏;
⑤无异响;
⑥加速性能优良;
⑦油耗符合厂家规定值。

一、实训资源

(1)实训场地:发动机维修工位1个。
(2)实训车辆:丰田轿车1辆或发动机台架1台。
(3)工具耗材与设备:零件车、工具车(含常用工具、专用工具、抹布等)、维修手册1本、密封胶、机油、润滑脂等。

二、安全注意事项

(1)拆装作业前须做好车辆防护,安装相应的防护垫和防护套。
(2)正确使用起重设备,起重设备下严禁站人。应正确使用专用工具,确保工具设备安全。
(3)使用量具过程中,严格遵循设备操作规范,按规定处理操作产生的危废物,做好5S管理。

三、操作过程

1. 发动机大修

发动机总成大修操作方法及说明见表5-1。

表5-1 发动机总成大修操作方法及说明

步骤	操作方法及说明	质量标准及记录
1.确认发动机的技术状况和送修标准	(1)确认发动机曲轴连杆机构、配气机构等情况; (2)确认送修标准; (3)初步清洗发动机外部	□发动机达到大修标准 □简单清洗发动机外部 □连接器无进水情况
2.进行发动机大修	(1)发动机各零部件拆卸。如附件、油底壳、机油泵、气门室盖、凸轮轴、汽缸盖总成、曲轴飞轮组、活塞等; (2)发动机待检修部件拆解。如气门传动组、活塞连杆组; (3)发动机部件清洗。如气门室盖、缸盖螺栓、油底壳、曲轴、凸轮轴、活塞等	□拆卸正常,无意外损坏 □零部件总成拆卸并可靠摆放 □零部件清洗并复位
3.零部件检修	(1)汽缸盖检修。如凸轮轴、气门传动组; (2)汽缸检修。如汽缸、缸体; (3)曲柄连杆机构检修。如曲轴、连杆、活塞、活塞环	□零部件检查并确认 □损坏部件维修或更换
4.发动机总成装配	(1)曲轴飞轮组安装; (2)活塞连杆组安装; (3)汽缸盖组装与安装; (4)气门室盖、油底壳组件安装; (5)附件安装	□零部件按装配位置和安装顺序安装 □配件按要求更换 □零部件安装正确可靠

2. 发动机大修竣工检验

发动机大修竣工检验操作方法及说明见表5-2。

表5-2 发动机大修竣工检验操作方法及说明

步骤	操作方法及说明	质量标准及记录
发动机大修竣工调试	(1)发动机在正常工作温度下,5s内能起动,汽油发动机在环境温度不低于-5℃时,起动顺利; (2)发动机怠速运转稳定,其转速符合原设计规定; (3)发动机的最大功率和最大转矩均不得低于原设计标定值的90%; (4)发动机排放限值应符合国家有关规定; (5)发动机外表应按规定涂漆,涂层牢固,不得有起泡、剥落和漏涂现象	□发动机起动顺利 □怠速稳定 □功率和转矩正常 □排放正常 □油耗正常 □无异响、无抖动 □无泄漏情况 □机油压力正常、水温正常

任务评价

发动机大修考核评分记录见表5-3。

发动机大修考核评分记录表　　　　　　　表5-3

类别	序号	项目	考核内容及要求	配分	评分标准（各项配分扣完为止）	得分
专业知识（20分）	1	发动机大修	发动机总成大修工艺规程及技术要求	10	能描述发动机大修关键内容，每错一处扣1分，扣完为止	
	2	发动机大修竣工检验	发动机竣工检验标准及条件	10	能描述竣工检验标准及条件，每错一处扣1分，扣完为止	
技能操作（80分）	1	发动机大修	规范进行发动机总成大修	30	操作流程规范，每错一处扣1分，扣完为止	
	2	发动机大修竣工检验	规范进行发动机竣工检验	30	操作流程规范，每错一处扣1分，扣完为止	
	3	正确使用工具、设备、材料	工具、设备使用正确	5	一种工具、设备、材料使用不正确，扣2分	
					损坏、丢失一件工具，不得分	
	4	操作规程	操作规程执行情况	10	违反操作规程，不得分	
	5	清理现场（5S管理）	清理、整理并回收工具和设备	5	少收一件工具、设备，扣1分	
分数总计				100	最终得分	

考核员签字：_____　　　　　　　　　　　日期：_____年___月___日

任务2　发动机单个机械故障诊断与排除（三级）

▶建议学时:2学时

考核要求

一、知识要求

1.掌握发动机常见机械异响故障诊断方法。
2.掌握发动机常见机械异响产生原因及排除方法。

二、技能要求

1.能诊断排除气门间隙、挺柱异响。

2. 能诊断排除连杆轴承、曲轴轴承异响。
3. 能诊断排除活塞敲缸、活塞销敲击异响。

任务准备

发动机异响一般分为上部异响和下部异响。上部异响一般表现为发出"嗒嗒"响声,下部异响一般表现为撞击声。常见的异响现象有以下几种。

1. 气门撞击声

气门撞击声故障原因有两种,①气门间隙不正确,包括气门间隙调整不正确和配气机构磨损或损坏,发动机只要运转响声就一直存在,且转速越高响声频率越高;②液压挺柱缺少机油,一般出现在怠速时,机油压力最低,液压挺柱供油不足。

2. 活塞销异响

活塞销间隙大,活塞销就可能与活塞或连杆撞击而产生异响。如果活塞销间隙太大,在怠速时活塞销会双重撞击。此类异响一般不受汽缸负荷影响。活塞销异响可通过逐个断开汽缸听异响有无改变来判断。

3. 活塞敲缸异响

活塞敲缸一般是由于活塞的尺寸偏小、活塞形状结构不合理或汽缸孔径偏大造成的,在发动机冷态或急加速时,活塞敲缸现象更加明显。随着发动机的运转,活塞受热膨胀,活塞敲缸声会消失。

4. 连杆轴承异响

连杆轴承故障引起的异响,一般对发动机负荷很敏感,随着负荷的改变异响会发生明显变化。连杆轴承异响通常采用断缸来判断,当某一个汽缸断开时,异响减轻或消失,则可大致判断该缸的连杆轴承出现了故障。

5. 主轴承异响

主轴承异响,一般不会只与某一个汽缸的工作状况有关,发动机负荷改变时,主轴承异响的变化比较明显,有时甚至会消失。

任务实施

一、实训资源

(1)实训场地:发动机维修工位1个。
(2)实训车辆:丰田轿车1辆或发动机台架1台。
(3)工具耗材与设备:零件车、工具车(含常用工具、专用工具、抹布等)、维修手册1本、密封胶、机油、润滑脂等。

二、安全注意事项

(1)拆装作业前须做好车辆防护,安装相应的防护垫和防护套。
(2)正确使用起重设备,起重设备下严禁站人。应正确使用专用工具,确保工具设备安全。

(3)使用量具过程中,严格遵循设备操作规范,按规定处理操作产生的危废物,做好5S管理。

三、操作过程

1. 诊断排除气门脚、挺柱异响

诊断排除气门脚、挺柱异响操作方法及说明见表5-4。

诊断排除气门脚、挺柱异响操作方法及说明　　　　　　表5-4

步骤	操作方法及说明	质量标准及记录
1.故障确认	(1)故障现象:发动机发出"嗒嗒"响声; (2)故障描述:发动机一旦开始运转,从急速开始就出现响声,且转速越高频率越高	—
2.故障可能原因分析	参照维修资料,排查故障可能原因,初步确定故障原因可能是气门间隙错误、挺柱润滑不当	—
3.检查气门间隙	(1)检查气门间隙调节器总成; (2)如检查气门间隙调节器磨损或脏污,则更换气门间隙调节器总成	□部件安装正确 □气门间隙检查值:_____ □气门间隙检查结论:_____
4.检查挺柱润滑情况	(1)检查气门摇臂、气门挺柱、机油滤清器旁通阀、机油泵和机油泵滤网、发动机汽缸体机油油道; (2)必要时继续修理或更换	□部件安装正确 □挺柱润滑情况检查结论:_____

2. 诊断排除连杆轴承、曲轴轴承异响

诊断排除连杆轴承、曲轴轴承异响操作方法及说明见表5-5。

诊断排除连杆轴承、曲轴轴承异响操作方法及说明　　　　　　表5-5

步骤	操作方法及说明	质量标准及记录
1.故障确认	(1)故障现象:发动机下部有撞击声; (2)故障描述:无论发动机处于何种转速,发动机下部有噪声,带负荷时有噪声	—
2.故障可能原因分析	参照维修资料,排查故障可能原因,初步确定故障原因可能是连杆轴承间隙过大、曲轴轴承间隙过大	—
3.检查连杆轴承间隙	(1)检查连杆轴承、连杆、曲轴、曲轴轴颈; (2)必要时继续修理或更换	□部件安装正确 □连杆轴承间隙测量值:_____ □连杆轴承检查结论:_____
4.检查曲轴轴承间隙	(1)检查曲轴轴承、曲轴轴颈; (2)必要时继续修理或更换	□部件安装正确 □曲轴轴承间隙测量值:_____ □曲轴轴承检查结论:_____

3.诊断排除活塞敲缸、活塞销敲击异响

诊断排除活塞敲缸、活塞销敲击异响操作方法及说明见表5-6。

诊断排除活塞敲缸、活塞销敲击异响操作方法及说明　　表5-6

步　骤	操作方法及说明	质量标准及记录
1.故障确认	(1)故障现象:发动机下部有撞击声; (2)故障描述:无论发动机处于何种转速,发动机下部有噪声,带负荷时有噪声	—
2.故障可能原因分析	参照维修资料,排查故障可能原因,初步确定故障原因可能是活塞敲缸、活塞销敲击	—
3.检查活塞	(1)检查活塞安装情况; (2)检查活塞尺寸、形状,检查汽缸孔径配合情况; (3)必要时继续修理或更换	□部件安装正确 □活塞组件安装正确 □活塞尺寸测量值:_____ □活塞检查结论:_____
4.检查活塞销	(1)检查活塞销和连杆安装情况; (2)检查活塞销间隙; (3)必要时继续修理或更换	□部件安装正确 □活塞销安装正确 □活塞销间隙测量值:_____ □活塞销检查结论:_____

任务评价

发动机单个机械故障诊断排除考核评分记录见表5-7。

发动机单个机械故障诊断排除考核评分记录表　　表5-7

类别	序号	项　　目	考核内容及要求	配分	评分标准 (各项配分扣完为止)	得分
专业知识 (20分)	1	发动机机械异响故障诊断	发动机常见机械异响故障诊断方法	10	能描述故障原理和诊断方法,每错一处扣1分,扣完为止	
	2	发动机机械异响原因诊断	发动机常见机械异响产生原因及排除方法	10	能描述故障原理和诊断方法,每错一处扣1分,扣完为止	
技能操作 (80分)	1	气门间隙、挺柱异响	诊断排除气门间隙、挺柱异响	20	规范完成操作流程,每错一处扣1分,扣完为止	
	2	连杆轴承、曲轴轴承异响	诊断排除连杆轴承、曲轴轴承异响	20	规范完成操作流程,每错一处扣1分,扣完为止	

续上表

类别	序号	项目	考核内容及要求	配分	评分标准 (各项配分扣完为止)	得分
技能操作 (80分)	3	活塞敲缸、活塞销敲击异响	诊断排除活塞敲缸、活塞销敲击异响	20	规范完成操作流程,每错一处扣1分,扣完为止	
	4	正确使用工具、设备、材料	工具、设备使用正确	5	一种工具、设备、材料使用不正确,扣2分	
					损坏、丢失一件工具,不得分	
	5	操作规程	操作规程执行情况	10	违反操作规程,不得分	
	6	清理现场(5S管理)	清理、整理并回收工具和设备	5	少收一件工具、设备,扣1分	
		分数总计		100	最终得分	

考核员签字:_____　　　　　　　　日期:_____年___月___日

任务3　发动机燃油、控制系统单个故障诊断与排除(三级)

▶ 建议学时:2学时

 考核要求

一、知识要求

1. 掌握发动机燃油供给系统故障诊断方法。
2. 掌握发动机怠速控制相关知识及故障诊断方法。
3. 掌握发动机控制系统故障诊断方法。

二、技能要求

1. 能诊断与排除发动机燃油压力不足故障。
2. 能诊断与排除发动机怠速不稳故障。
3. 能诊断与排除发动机加速不良故障。
4. 能诊断与排除发动机起动困难故障。

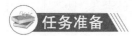 任务准备

1. 发动机燃油系统

当发动机控制模块(ECM)检测到点火开关打开时,ECM向燃油泵电源控制模块提供电

压。除非发动机在起动或运转,否则发动机控制模块将向燃油泵电源控制模块提供2s电压。收到该电压时,燃油泵电源控制模块将燃油箱燃油泵模块的搭铁开关闭合,同时向燃油箱燃油泵模块提供变化的电压,以维持必要的燃油管路压力。

2. 发动机怠速控制

发动机怠速控制系统是由各种传感器、信号控制开关、电子控制单元(ECU)、怠速控制阀和节气门旁通空气道等组成。发动机怠速控制是指节气门处于全关位置,进入发动机的空气量不再由节气门进行调节的状态。此时通过怠速执行器调节进气量,同时配合喷油量及点火提前角的控制,改变怠速工况燃料消耗所产生的功率,使怠速转速稳定。

3. 发动机控制系统

发动机控制系统,作用是通过对发动机点火、喷油、空燃比、废气排放等进行控制,使发动机在最佳工况下工作,以达到提高整车性能、节约能源、降低废气排放的目的。主要由ECM、各类传感器和执行器组成。

4. 质量空气流量计

质量空气流量计分总成,是测量流经节气门空气量的传感器,ECM利用该信息确定燃油喷射持续时间并提供适当的空燃比。其内部有一个暴露于进气流的加热铂丝,进气气流冷却铂丝,从而影响其电阻,进而影响电压高低,ECM根据电压信号计算进气量。

任务实施

一、实训资源

(1)实训场地:发动机维修工位1个。
(2)实训车辆:丰田轿车1辆或发动机台架1台。
(3)工具耗材与设备:零件车、工具车(含常用工具、专用工具、抹布等)、维修手册1本、密封胶、机油、润滑脂等。

二、安全注意事项

(1)拆装作业前须做好车辆防护,安装相应的防护垫和防护套。
(2)正确使用起重设备,起重设备下严禁站人。应正确使用专用工具,确保工具设备安全。
(3)使用量具过程中,严格遵循设备操作规范,按规定处理操作产生的危废物,做好5S管理。

三、操作过程

1. 诊断排除发动机燃油压力不足故障

诊断排除发动机燃油压力不足故障操作方法及说明见表5-8。

诊断排除发动机燃油压力不足故障操作方法及说明　　　　　表5-8

步骤	操作方法及说明	质量标准及记录
1.故障确认	(1)故障现象:燃油压力过低; (2)故障描述:车辆动力不足,故障诊断仪显示燃油系统故障	—
2.故障可能原因分析	参照维修资料,经排查燃油系统无损坏或外部泄漏、油箱燃油充足,经诊断仪测试,初步确定故障原因可能是燃油压力不足	—
3.检查燃油滤清器	(1)检查燃油滤清器是否有堵塞; (2)必要时修理或更换	□燃油滤清器检查结论:_____ □燃油滤清器安装正确
4.检查燃油管	(1)检查燃油管供油是否有堵塞; (2)必要时修理或更换	□燃油管检查结论:_____ □燃油管安装正确
5.检查燃油泵的线束连接器和搭铁电路	(1)检查线束连接器是否接触不良; (2)检查搭铁电路是否腐蚀,导致接触不良; (3)必要时进行修复或更换	□线束和搭铁电路检查结论:_____ □燃油泵线束安装正确可靠

2.诊断排除发动机怠速不稳故障

诊断排除发动机怠速不稳故障操作方法及说明见表5-9。

诊断排除发动机怠速不稳故障操作方法及说明　　　　　表5-9

步骤	操作方法及说明	质量标准及记录
1.故障确认	(1)故障现象:发动机抖动厉害,发动机转速指针跳动; (2)故障描述:发动机怠速不稳	—
2.故障可能原因分析	参照维修资料,经诊断仪测试,初步确定故障原因可能是节气门存在故障	—
3.检查节气门怠速气流补偿参数	(1)使用诊断仪,确认数值是否高于90%; (2)关闭点火开关,拆下增压出气管; (3)使用干净的抹布,清洁节气门孔和节气门阀片; (4)安装增压出气管,复位	□节气门怠速气流补偿数值:_____ □清洁节气门孔和节气门阀片 □节气门检查结论:_____

3.诊断排除发动机加速不良故障

诊断排除发动机加速不良故障操作方法及说明见表5-10。

诊断排除发动机加速不良故障操作方法及说明　　　　　表5-10

步骤	操作方法及说明	质量标准及记录
1.故障确认	(1)故障现象:车辆加速迟缓; (2)故障描述:发动机加速不良,故障代码DTC P0102,质量空气流量电路低电位	—
2.故障可能原因分析	参照维修资料,经诊断仪测试读取故障代码,初步确定故障原因可能是空气流量传感器故障,需进行检测	—

项目五 汽车发动机故障诊断与排除

续上表

步骤	操作方法及说明	质量标准及记录
3.拆检空气流量传感器	(1)车辆处于ON的位置,发动机不启动,使用诊断电脑读取MAF数据值,等待30s,标准:MAF≤0.58gm/s 如不符合标准,则更换空气流量传感器; (2)拆下空气流量传感器,目视检查加热铂丝和温度传感器有无异常; (3)使用万用表欧姆挡,测量传感器1、2号端子,标准:2.21~2.69kΩ(20℃时)。如不符合标准,则更换空气流量传感器	□MAF数据值读取结果:_____ □空气流量传感器安装正确,外观正常 □传感器电阻测量:_____ □检测结论:_____

4.诊断排除发动机起动困难故障

诊断排除发动机起动困难故障操作方法及说明见表5-11。

诊断排除发动机起动困难故障操作方法及说明　　　　　　　表5-11

步骤	操作方法及说明	质量标准及记录
1.故障确认	(1)故障现象:车辆起动困难; (2)故障描述:发动机曲轴转动,但整车起动困难,使用诊断电脑,显示故障码P0301,检测到汽缸缺火	—
2.故障可能原因分析	参照维修资料,经诊断仪测试读取故障码,初步确定故障原因可能火花塞故障,需进行检测	—
3.拆检火花塞	(1)拆下1号缸点火线圈和火花塞,并将火花塞安装到点火线圈上; (2)断开1号缸喷油器连接器; (3)将发动机设置检查模式,起动发动机2s并将火花塞搭铁,确认起动期间产生火花如没有产生火花,则检查火花塞; (4)拆下火花塞,使用兆欧表测量绝缘电阻,标准:阻值≥10MΩ; (5)检查火花塞电极间隙,标准:最大电极间隙1.3mm,如不符合标准,则更换火花塞	□火花塞安装正确 □火花测试时,火花塞跳火情况:_____ □火花塞绝缘阻值_____ □火花塞电极间隙_____ □火花塞检测结论:_____

任务评价

发动机燃油、控制系统单个故障诊断排除考核评分记录见表5-12。

发动机燃油、控制系统单个故障诊断排除考核评分记录表　　　　　表5-12

类别	序号	项目	考核内容及要求	配分	评分标准（各项配分扣完为止）	得分
专业知识(20分)	1	发动机燃油压力不足故障	发动机燃油供给系统工作原理及故障诊断方法	6	能描述故障原理和诊断方法,每错一处扣1分,扣完为止	

续上表

类别	序号	项目	考核内容及要求	配分	评分标准 (各项配分扣完为止)	得分
专业知识 (20分)	2	发动机怠速不稳故障	发动机怠速控制相关知识及故障诊断方法	6	能描述故障原理和诊断方法,每错一处扣1分,扣完为止	
	3	发动机加速不良故障	发动机控制系统故障诊断方法	8	能描述故障原理和诊断方法,每错一处扣1分,扣完为止	
技能操作 (80分)	1	发动机怠速不稳故障	诊断排除发动机燃油压力不足故障	30	规范完成操作流程,每错一处扣1分,扣完为止	
	2	发动机起动困难故障	诊断排除发动机加速不良故障	30	规范完成操作流程,每错一处扣1分,扣完为止	
	3	正确使用工具、设备、材料	工具、设备使用正确	5	一种工具、设备、材料使用不正确,扣2分	
					损坏、丢失一件工具,不得分	
	4	操作规程	操作规程执行情况	10	违反操作规程,不得分	
	5	清理现场(5S管理)	清理、整理并回收工具和设备	5	少收一件工具、设备,扣1分	
分数总计				100	最终得分	

考核员签字:_____　　　　　　　　　　　　　　日期:_____年___月___日

任务4　进(排)气系统单个故障诊断与排除(三级)

▶建议学时:2学时

一、知识要求

1. 掌握发动机进(排)气系统故障诊断方法。
2. 掌握发动机增压系统故障诊断方法。
3. 掌握尾气分析仪、烟度计使用相关知识。

二、技能要求

1. 能诊断排除进(排)气系统故障。
2. 能使用尾气分析仪、烟度计诊断故障。

任务准备

1. 加热型氧传感器

加热型氧传感器(HO2S)用于燃油控制和后催化剂监测,每个加热型氧传感器将周围空气的氧含量与排气流中的氧含量进行比较。加热型氧传感器必须达到工作温度才能提供准确的电压信号,其内部的加热元件可最大限度缩短传感器达到工作温度所需的时间。点火电压电路通过一个熔断丝将电压提供给加热器。发动机运转时,加热型氧传感器加热器的低电平控制电路通过发动机控制模块(ECM)内的低电平侧驱动器向加热器提供搭铁。发动机控制模块利用脉宽调制(PWM)以控制加热型氧传感器加热器工作,使加热型氧传感器保持在规定的工作温度范围内。

2. 涡轮增压系统

双涡旋式涡轮增压器有一个由发动机控制模块(ECM)通过脉宽调制(PWM)电磁阀控制的废气阀门,用于调节发动机的压力比。旁通阀在节气门关闭的减速情况下打开,使空气在涡轮增压器中进行再循环并维持发动机转速。发动机负载和转速增加时,发动机控制模块指令涡轮增压器旁通阀关闭。节气门关闭时,指令阀门打开,使涡轮增压器内的空气循环,从而防止发动机喘振。

3. 尾气分析仪

尾气分析仪,用于测量机动车汽油发动机排放废气中的 HC、CO、CO_2、O_2 浓度。一般是基于气体的红外吸收原理进行工作的。其中对 HC、CO、CO_2 采用 NDIR 不分光红外分析技术进行检测,对 O_2 采用电化学分析技术进行检测。

4. 汽车尾气分析

发动机在燃烧过程中会产生含有 CO_x、HC、NO_x 等成分的尾气,必须进行尾气污染控制。现代车辆往往采用曲轴箱强制通风系统、废气再循环、汽油喷射系统、稀薄燃烧系统、三元催化转换器、发动机管理系统等技术设备进行控制。由此尾气成分与发动机的工况直接联系,采取尾气分析能检查包括燃烧情况、点火能量、进气效果、供油情况、机械情况等诸多方面。

5. 烟度计

烟度计是测定汽车排出废气中烟度的仪器。主要用于柴油机排出废气的测定。用活塞抽气泵从柴油机排气管中,按规定时间抽取一定容积的排气气体,并使之通过一定面积的滤纸,排气中的烟尘粒截留在滤纸上并使滤纸染黑。用光电测量装置测量滤纸的吸光率,该吸光率表示排气中烟度的大小。烟度计主要由活塞抽气泵、取样装置和光电测量装置组成。测量一般重复 3 次,求得算术平均值作为测得的烟度值。

一、实训资源

(1)实训场地:发动机维修工位 1 个。
(2)实训车辆:丰田轿车 1 辆或发动机台架 1 台。

（3）工具耗材与设备：零件车、工具车（含常用工具、专用工具、抹布等）、维修手册 1 本、密封胶、机油、润滑脂等。

二、安全注意事项

（1）拆装作业前须做好车辆防护，安装相应的防护垫和防护套。

（2）正确使用起重设备，起重设备下严禁站人。应正确使用专用工具，确保工具设备安全。

（3）使用量具过程中，严格遵循设备操作规范，按规定处理操作产生的危废物，做好 5S 管理。

三、操作过程

1. 诊断排除进（排）气系统故障

诊断排除进（排）气系统故障操作方法及说明见表 5-13。

诊断排除进（排）气系统故障操作方法及说明　　　　表 5-13

步　骤	操作方法及说明	质量标准及记录
1. 故障确认	（1）故障现象：一车辆发动机加速无力，仪表显示发动机功率下降； （2）故障描述：发动机加速无力，仪表显示发动机功率下降，使用诊断电脑显示 P0034 故障码	—
2. 故障可能原因分析	参照维修资料，经排查涡轮增压系统无损坏或外部泄漏，经诊断仪测试，初步确定故障原因可能是增压器旁通电磁阀故障	—
3. 检查增压器旁通电磁阀	（1）断开增压器旁通电磁阀连接器，使用测试灯检查电路情况，如点亮则检查电磁阀，如未点亮则确认熔断丝和线路情况； （2）使用故障诊断仪指令涡轮增压器旁通电磁阀启用，反馈参数 OK，则检查电磁阀，如反馈参数未显示 OK，则检查 ECM 与电磁阀连接线； （3）使用万用表，测试电磁阀 1、2 号端子的阻值，标准：$10 \sim 14\Omega$。如不符合规定，则更换旁通电磁阀	□部件安装正确 □电磁阀电路检查情况：_____ □涡轮增压器旁通阀控制参数检查情况：_____ □电磁阀阻值测量值：_____ □电磁阀检查结论：_____

2. 使用尾气分析仪、烟度计诊断故障

（1）使用尾气分析仪诊断故障操作方法及说明见表 5-14。

使用尾气分析仪诊断故障操作方法及说明　　　　表 5-14

步　骤	操作方法及说明	质量标准及记录
1. 故障确认	（1）故障现象：一车辆怠速时轻微抖动、加速迟缓； （2）故障描述：使用诊断电脑检查，无故障码输出，且读取数据流和点火波形，运行参数正常，使用尾气分析仪进行检测，数据显示 CO 为 0.4%、O_2 为 2.12%、CO_2 为 14.1%、HC 为 $260 \times 10^{-6} \sim 500 \times 10^{-6}$	—

续上表

步骤	操作方法及说明	质量标准及记录
2. 故障可能原因分析	参照维修资料,初步分析是混合气过稀,导致汽缸失火	—
3. 尾气分析仪检测尾气	(1)按下"起动"键,分析仪开始工作; (2)让发动机进行两次快速空转加速,然后回到急速状态(汽油车检测尾气是在急速工况); (3)将取样头插入排气管,深度不得少于300mm; (4)操作吸气泵吸气; (5)分析仪显示单一气体的数据,当数据变化稳定后,按下"打印"键,打印检测结果; (6)取出取样头,关闭仪器电源	□尾气分析仪使用正确 □尾气分析数据获取正常
4. 检查各可疑部件	(1)检查燃油供给系统,确认各部件正常,清洗喷油器; (2)检查进排气系统,确认无漏气情况; (3)检查点火系统,确认高压线圈、火花塞情况	□燃油供给系部件正常 □喷油器清洗并确认无漏气 □进排气系统部件正常 □点火系统部件正常

(2)使用烟度计诊断故障操作方法及说明见表5-15。

使用烟度计诊断故障操作方法及说明　　　　　　　　表5-15

步骤	操作方法及说明	质量标准及记录
1. 故障确认	(1)故障现象:一柴油车辆加速时冒黑烟; (2)故障描述:使用诊断电脑检查,无故障码输出,查看数据流运行参数正常,使用烟度计进行自由加速烟度检测,显示光线衰减量74	—
2. 故障可能原因分析	参照维修资料,所添加柴油品质正常,初步分析是曲柄连杆机构故障导致燃烧排放异常	—
3. 烟度计检测尾气	(1)烟度计通电,预热30min; (2)仪器校准; (3)汽车急速状态,探头插入汽车排气管内,确定起动和停止试验的阈值; (4)烟度计提示"请加速",控制加速踏板使发动机转速提高,待烟度计提示"请减至急速,并保持",松开加速踏板,保持急速; (5)烟度计按设定的域值自动采集数据,并采取数据最大值作为本次的测量结果; (6)重复试验6次,取连续4次平均值作为测量结果	□烟度计使用正确 □使用自有加速方法获取测量数据
4. 检查各可疑部件	(1)检查汽缸活塞组情况,确认汽缸、活塞、活塞环情况; (2)检查曲柄连杆组情况,确认曲轴、轴承、连杆情况	□汽缸活塞组部件正常 □曲轴连杆组部件正常

任务评价

进(排)气系统单个故障诊断排除考核评分记录见表5-16。

进(排)气系统单个故障诊断排除考核评分记录表 表5-16

类别	序号	项目	考核内容及要求	配分	评分标准（各项配分扣完为止）	得分
专业知识(20分)	1	发动机进(排)气系统故障	发动机进(排)气系统故障诊断方法	5	能描述故障原理和诊断方法，每错一处扣1分，扣完为止	
	2	发动机增压系统故障	发动机增压系统故障诊断方法	5	能描述故障原理和诊断方法，每错一处扣1分，扣完为止	
	3	尾气分析仪使用	尾气分析仪使用相关知识	5	能描述仪器原理和使用方法，每错一处扣1分，扣完为止	
	4	烟度计使用	烟度计使用相关知识	5	能描述仪器原理和使用方法，每错一处扣1分，扣完为止	
技能操作(80分)	1	发动机进(排)气系统故障	规范诊断排除进排气系统故障	20	规范完成操作流程，每错一处扣1分，扣完为止	
	2	尾气分析仪使用	规范诊断使用尾气分析仪	20	规范完成操作流程，每错一处扣1分，扣完为止	
	3	烟度计使用	规范诊断使用尾气烟度计	20	规范完成操作流程，每错一处扣1分，扣完为止	
	4	正确使用工具、设备、材料	工具、设备使用正确	5	一种工具、设备、材料使用不正确，扣2分	
					损坏、丢失一件工具，不得分	
	5	操作规程	操作规程执行情况	10	违反操作规程，不得分	
	6	清理现场(5S管理)	清理、整理并回收工具和设备	5	少收一件工具、设备，扣1分	
		分数总计		100	最终得分	

考核员签字：_____ 日期：____年__月__日

任务5　润滑、冷却系统单个故障诊断与排除(三级)

▶ 建议学时:2学时

一、知识要求

1.掌握润滑系统故障诊断方法。
2.掌握冷却系统故障诊断方法。

二、技能要求

1.能诊断排除润滑系统报警故障。
2.能诊断排除机油消耗量过大故障。
3.能诊断排除冷却系统故障。

任务准备

1.发动机机油消耗量

根据《汽车发动机可靠性试验方法》(GB/T 19055—2016)说明,车辆在额定转速全负荷运行状态下,机油/燃油消耗比不超过0.3%。机油消耗过量的原因,一般包括气门组件泄漏、活塞环泄漏、活塞安装问题、汽缸盖衬垫损坏导致内部泄漏等。

2.冷却系统的运行条件

冷却系统设计用于吸收燃烧空气燃油混合气所产生热量的约1/3。在发动机处于冷态时,冷却液在节温器打开前不会流向散热器,这样发动机会迅速升温。在发动机正常工作期间,节温器打开冷却液流向散热器进行大循环,确保发动机不会过热。

3.发动机冷却液温度传感器

温度传感器采用热敏电阻,内置于发动机冷却中。其电阻值随着发动机冷却液温度的变化而变化。

一、实训资源

(1)实训场地:发动机维修工位1个。
(2)实训车辆:丰田轿车1辆或发动机台架1台。
(3)工具耗材与设备:零件车、工具车(含常用工具、专用工具、抹布等)、维修手册1本、密封胶、机油、润滑脂等。

二、安全注意事项

（1）拆装作业前须做好车辆防护，安装相应的防护垫和防护套。

（2）正确使用起重设备，起重设备下严禁站人。应正确使用专用工具，确保工具设备安全。

（3）使用量具过程中，严格遵循设备操作规范，按规定处理操作产生的危废物，做好5S管理。

三、操作过程

1. 诊断排除润滑系统报警故障

诊断排除润滑系统报警故障操作方法及说明见表5-17。

诊断排除润滑系统报警故障操作方法及说明　　　　表5-17

步　　骤	操作方法及说明	质量标准及记录
1. 故障确认	（1）故障现象：发动机机油指示灯点亮； （2）故障描述：发动机机油指示灯点亮，经初查，机油液位正常，诊断电脑显示车辆存在P06DB发动机机油压力控制电磁阀控制电路电压过低故障码	—
2. 故障可能原因分析	参照维修资料，经诊断仪测试读取故障代码，初步确定故障原因可能是机油压力控制电磁阀故障，需进行检测	—
3. 拆检机油压力电磁阀	（1）断开机油压力控制阀线束连接器，使用测试灯检查线束情况，确认线束正常； （2）使用诊断电脑指令发动机机油压力控制电磁阀接通，确认参数显示故障，若未显示故障则确认ECM与连接器线束正常； （3）使用万用表测试段子1、2的阻值，标准10～30Ω，如不符合规定，则更换发动机机油压力控制电磁阀	□机油压力控制阀线束正常 □机油压力开关控制电磁阀功能正常 □机油压力电磁阀阻值，测量结果为：_____ □机油压力电磁阀检测结论：_____

2. 诊断排除机油消耗量过大故障

诊断排除机油消耗量过大故障操作方法及说明见表5-18。

诊断排除机油消耗量过大故障操作方法及说明　　　　表5-18

步　　骤	操作方法及说明	质量标准及记录
1. 故障确认	（1）故障现象：车辆发动机机油液位低且消耗量过大； （2）故障描述：车辆机油加注到正确位置之后，行驶1000km之后，机油灯点亮，机油液位低	—
2. 故障可能原因分析	参照维修资料，对发动机进行外观检查，未发现泄漏油污，初步确定故障原因是内部泄漏导致，发动机机油消耗量过大，需进行检测	—

项目五　汽车发动机故障诊断与排除

续上表

步　骤	操作方法及说明	质量标准及记录
3.检查发动机机械损坏	（1）拆解发动机,确认机油油路没有堵塞情况； （2）拆卸发动机汽缸盖,检查并确认汽缸衬垫无损坏； （3）检查汽缸盖,确认裂纹、平面度等损坏情况； （4）检查活塞,确认活塞环间隙、安装等情况； （5）检查汽缸,确认汽缸裂纹、磨损等情况,如不符合规定,则进行相应维修	□机油油路正常 □汽缸衬垫正常 □汽缸正常,平面度为:_____ □汽缸盖正常,平面度为:_____ □活塞组件情况,活塞环间隙:_____ □汽缸情况,外观:_____ 汽缸圆度:_____ 汽缸圆柱度:_____ □发动机机械检查结论:_____

3.诊断排除冷却系统故障

诊断排除冷却系统故障操作方法及说明见表5-19。

诊断排除冷却系统故障操作方法及说明　　　　　　　　　　表5-19

步　骤	操作方法及说明	质量标准及记录
1.故障确认	（1）故障现象:发动机冷却液温度高,散热器风扇无工作； （2）故障描述:发动机工作后冷却液温度高,且散热器风扇无工作,使用诊断电脑检查,发现P0115发动机冷却液温度电路故障码	—
2.故障可能原因分析	参照维修资料,经初步检查,冷却系统各部件安装正常,诊断仪测试读取故障代码,初步确定故障原因可能冷却液温度传感器线路故障,需进行检测	—
3.拆检冷却液温度传感器	（1）使用诊断电脑,读取温度传感器数值,标准: −40℃ < 数值 < 140℃。若数值正常,则更换冷却液温度传感器,若异常,则检查线束和连接器； （2）使用万用表,检查 ECM 至传感器线束、检查传感器连接器,若正常,则更换 ECM,若不正常,则更换线束或连接器	□冷却液温度传感器,反馈数值:_____ □温度传感器线束、连接器安装正常 □温度传感器线路导通情况正常 □冷却液温度传感器检查结论:_____

润滑、冷却系统单个故障诊断排除考核评分记录见表5-20。

165

润滑、冷却系统单个故障诊断排除考核评分记录表　　　表 5-20

类别	序号	项　目	考核内容及要求	配分	评分标准 (各项配分扣完为止)	得分
专业知识 (20分)	1	排除润滑系统报警故障	能描述发动机润滑系统故障诊断方法	10	能描述故障原理和诊断方法,每错一处扣1分,扣完为止	
	2	冷却系统故障	能描述发动机冷却系统故障诊断方法	10	能描述故障原理和诊断方法,每错一处扣1分,扣完为止	
技能操作 (80分)	1	排除润滑系统报警故障	规范诊断排除润滑系统报警故障	20	规范完成操作流程,每错一处扣1分,扣完为止	
	2	机油消耗量过大故障	规范诊断排除机油消耗量过大故障	20	规范完成操作流程,每错一处扣1分,扣完为止	
	3	冷却系统故障	规范诊断排除冷却系统故障	20	规范完成操作流程,每错一处扣1分,扣完为止	
	4	正确使用工具、设备、材料	工具、设备使用正确	5	一种工具、设备、材料使用不正确,扣2分	
					损坏、丢失一件工具,不得分	
	5	操作规程	操作规程执行情况	10	违反操作规程,不得分	
	6	清理现场(5S管理)	清理、整理并回收工具和设备	5	少收一件工具、设备,扣1分	
分数总计				100	最终得分	

考核员签字:_____　　　　　　　　　　　　　　　日期:_____年___月___日

任务6　排放控制系统单个故障诊断与排除(三级)

▶ 建议学时:2学时

考核要求

一、知识要求

1. 掌握曲轴箱通风系统组成与工作原理。
2. 掌握燃油蒸发控制系统组成与工作原理。
3. 掌握废气再循环系统组成与工作原理。
4. 掌握三效催化转换器组成与工作原理。
5. 掌握柴油机颗粒捕集器、氧化催化转换器、选择还原催化转换器组成与工作原理。

二、技能要求

1. 能检测、诊断曲轴箱通风系统性能和故障。
2. 能检测、诊断燃油蒸发控制系统性能和故障。
3. 能检测、诊断废气再循环系统性能和故障。
4. 能检测、诊断三效催化转换器性能和故障。
5. 能检测、诊断柴油机排气微粒捕集器、氧化催化转换器、选择还原催化转换器的性能和故障。

1. 曲轴箱通风系统

曲轴箱通风系统用来消耗燃烧过程中产生的蒸汽，避免将蒸汽排入大气。在发动机工作过程中，进气系统的新鲜空气供应到曲轴箱，并与曲轴箱内的气体混合上升，进入凸轮轴盖中的油分离腔分离油、气，最后通过凸轮轴盖内的标定孔进入进气歧管。一般由通风腔、油气分离系统、曲轴箱压力控制系统、回油腔及呼吸管等部件组成。

2. 燃油蒸发控制系统

燃油蒸发控制系统，是将燃油蒸汽进行燃烧，避免逃逸到大气中污染环境的系统。正常情况下，燃油箱内的燃油箱蒸汽可从燃油箱经过燃油蒸汽管流入蒸发排放炭罐，在适当的时间，发动机控制模块(ECM)将指令蒸发排放吹洗电磁阀打开，使发动机真空施加到蒸发排放(EVAP)炭罐中，带走炭中的燃油蒸汽进入气缸进行燃烧。系统一般包含炭罐、电磁阀、通风软管等。

3. 废气再循环系统

废气再循环系统(EGR)，是把发动机排出的部分废气回送到进气歧管，并与新鲜混合气一起再次进入汽缸。由于废气中含有大量的 CO_2 等多原子气体，而 CO_2 等气体不能燃烧却因比热容高而吸收大量的热，使汽缸中混合气的最高燃烧温度降低，从而减少了 NO_x 的生成量。该系统一般是包含 EGR 阀、通风管等部件。

4. 三元催化转换器

三元催化转换器，又称为三效催化转换器，是一种排放控制装置，用来减少废气中的碳氢化合物(HC)、一氧化碳(CO)和氮氧化物(NO_x)。催化转换器由一整块陶瓷载体组成，具有绝热支撑并带有一个钣金罩。载体用3种稀有金属涂覆：铂(Pt)、钯(Pd)、铑(Rh)，催化转换器中的催化剂是不可维修的。

5. 柴油机颗粒捕捉器

柴油机颗粒捕捉器(DPF)，是一种安装在柴油发动机排放系统中的陶瓷过滤器，它可以在微粒排放物质进入大气之前将其捕捉，一般安装在排气歧管与消音器之间，分为主动再生、被动再生、原地再生等几种情况。颗粒捕捉器一般包含氧化催化剂、碳化硅过滤器和压力传感器等部件，内部采用壁流式蜂窝结构。

6. 柴油机氧化催化转换器

氧化型催化转换器(DOC)是安装在发动机排气管路中，通过氧化反应，将发动机排气中

CO 和 HC 转化成 H_2O 和 CO_2 的装置。其结构形式与三元催化转换器基本相同,只是催化剂涂层有所不同,只具有氧化能力,没有还原能力。

7. 柴油机选择还原催化转换器

选择性催化转换器(SCR)是针对柴油车尾气排放中 NO_x 的一项处理工艺,即在尾气混合管上安装有尿素计量喷射装置,喷入尿素水溶液,尿素在高温下发生水解和热解反应后生成 NH_3,在 SCR 系统催化剂表面利用 NH_3 还原 NO_x,排出 N_2,多余的 NH_3 也被氧化为 N_2,防止泄漏。一般情况下,消耗 100L 燃油的同时会消耗 5L 液体尿素水溶液。

任务实施

一、实训资源

(1)实训场地:发动机维修工位 1 个。
(2)实训车辆:丰田轿车 1 辆或发动机台架 1 台。
(3)工具耗材与设备:零件车、工具车(含常用工具、专用工具、抹布等)、维修手册 1 本、密封胶、机油、润滑脂等。

二、安全注意事项

(1)拆装作业前须做好车辆防护,安装相应的防护垫和防护套。
(2)正确使用起重设备,起重设备下严禁站人。应正确使用专用工具,确保工具设备安全。
(3)使用量具过程中,严格遵循设备操作规范,按规定处理操作产生的危废物,做好 5S 管理。

三、操作过程

1. 检测、诊断曲轴箱通风系统性能和故障

检测、诊断曲轴箱通风系统性能和故障操作方法及说明见表 5-21。

检测、诊断曲轴箱通风系统性能和故障操作方法及说明　　　表 5-21

步骤	操作方法及说明	质量标准及记录
1. 故障确认	故障现象:发动机机油消耗过快、排气冒蓝烟,发动机运行时会从机油检查尺口向外喷溅机油	—
2. 故障可能原因分析	参照维修资料,故障可能原因有曲轴箱通风不畅、通风管路堵塞、曲轴箱内压力过高,需进行检修	—
3. 拆检曲轴箱通风系统	(1)拆下通风管路,检查管情况,是否有异物、堵塞情况; (2)拆下 PCV 阀,检查阀芯卡滞情况,检查 PCV 阀的单向通断情况; (3)用曲轴箱窜气测量仪检测曲轴箱压力; (4)若曲轴箱通风系统本身无故障,必要时拆检发动机汽缸密封性	□通风管路正常,无扭曲、变形、堵塞情况 □PCV 阀无卡滞 □PCV 单向导通正常 □曲轴箱压力正常 □检查结论:_____

2.检测、诊断燃油蒸发控制系统性能和故障

检测、诊断燃油蒸发控制系统性能和故障操作方法及说明见表5-22。

检测、诊断燃油蒸发控制系统性能和故障操作方法及说明　　表5-22

步骤	操作方法及说明	质量标准及记录
1.故障确认	故障现象：发动机热起动困难，急速不稳，排气管冒黑烟	—
2.故障可能原因分析	参照维修资料，当燃油蒸发控制系统存在故障，且故障现象为发动机热起动困难，急速不稳，排气管冒黑烟时，故障可能原因是活性炭罐堵塞、管路漏气或真空通道阀失效，需进行检修	—
3.拆检燃油蒸发排放控制系统	(1)起动发动机，至发动机工作在正常状态下，保持急速运转； (2)取下活性炭罐真空软管，检查真空吸力； (3)踩下加速踏板，发动机保持在2000r/min，检查真空软管的真空吸力； (4)取下电磁阀线束连接器，检查电磁阀单向导通情况； (5)检查EVAP各管路安装情况； (6)检查活性炭罐情况	□真空软管在急速、2000r/min时真空吸力正常 □电磁阀单向导通正常 □EVAP系统安装正确 □活性炭罐无堵塞 □检查结论：＿＿

3.检测、诊断废气再循环系统性能和故障

检测、诊断废气再循环系统性能和故障操作方法及说明见表5-23。

检测、诊断废气再循环系统性能和故障操作方法及说明　　表5-23

步骤	操作方法及说明	质量标准及记录
1.故障确认	故障现象：发动机急速熄火、急速非常粗暴或缓慢	—
2.故障可能原因分析	查阅维修资料，故障可能原因有EGR阀开启、EGR阀泄漏，需进行检修	—
3.拆检废气再循环系统	(1)检查进气歧管、EGR控制阀、真空放大器、EGR延迟电磁开关、温度阀等零部件之间的全部软管和接头； (2)检查阀门与垫片是否合适、有无损坏，如有必要，修理或更换损坏的零部件； (3)观察EGR阀杆动作情况	□管路安装正确 □软管正常、无扭曲变形 □阀门与垫片正常，无泄漏 □检查结论：＿＿

4.检测、诊断三元催化转换器性能和故障

检测、诊断三元催化转换器性能和故障操作方法及说明见表5-24。

检测、诊断三元催化转换器性能和故障操作方法及说明　　表5-24

步骤	操作方法及说明	质量标准及记录
1.故障确认	故障现象：发动机功率下降，排气不畅	—
2.故障可能原因分析	结合故障现象，进一步检查发现排气背压较高，故障可能原因是三元催化转换器故障，需进行检测	—

续上表

步 骤	操作方法及说明	质量标准及记录
3.拆检三元催化转换器	(1)检查三元催化转换器外观,确认有无破损、过热烧蚀情况; (2)轻敲三元催化转换器并晃动,确认内部催化剂载体无破碎等; (3)检查确认是否有故障指示灯或故障码,读取氧传感器数据,确认系统存在故障; (4)测量三元催化转换器进出气口温度差,出气口温度比进气口高10%左右,确认内部转化效率情况	□外观完好 □无过热烧蚀情况 □晃动三元催化转换器无异响 □系统无故障代码 □出气口与进气口温度差正常 □检查结论:_____

5.检测、诊断柴油机排气微粒捕集器、氧化催化转换器、选择还原催化转换器的性能和故障

(1)检测、诊断柴油机排气微粒捕集器的性能和故障操作方法及说明见表5-25。

检测、诊断柴油机排气微粒捕集器的性能和故障操作方法及说明　　　表5-25

步 骤	操作方法及说明	质量标准及记录
1.故障确认	故障现象:柴油发动机DPF再生故障灯点亮,发动机动力下降	—
2.故障可能原因分析	查阅维修资料,DPF故障指示灯点亮,故障可能原因是DPF中积累的杂质过多,导致DPF堵塞影响发动机排气,进而影响发动机动力,需要进行检修	—
3.检查微粒捕集器	(1)被动再生,DPF轻度堵塞,行车过程中DPF绿色指示灯闪烁,则车辆保持在60km/h以上,系统进行再生; (2)主动再生,DPF中度堵塞,黄色指示灯点亮,则停车按下DPF再生按钮,等待发动机恢复至正常怠速,指示灯熄灭; (3)人工清除,DPF完全堵塞,将DPF陶瓷过滤器及其附件放置到加热室内进行清理	□DPF指示灯点亮情况确认 □DPF再生操作确认 □检查结论:_____

(2)检测、诊断柴油机氧化催化转换器的性能和故障操作方法及说明见表5-26。

检测、诊断柴油机氧化催化转换器的性能和故障操作方法及说明　　　表5-26

步 骤	操作方法及说明	质量标准及记录
1.故障确认	故障现象:柴油发动机加速无力,且无故障代码,数据流正常	—
2.故障可能原因分析	查阅维修资料,故障可能原因是柴油机氧化催化转换器,进而导致动力性能下降,燃油消耗增加,排放恶化,排气通道阻力增大	—
3.检查氧化催化转换器	(1)全面读取数据流,确认各工况下的工作参数; (2)清理进气系统,确认各零部件正常; (3)检查排气系统,确认各零部件正常,检查氧催化转换器,确认是否堵塞、失效; (4)如有必要,检查供油管路及其控制电路	□对照参数是否正确 □进气系统零部件正常 □排气系统零部件正常 □催化转换器无堵塞、失效 □供油管路正常,压力正常 □检查结论:_____

（3）检测、诊断柴油机选择还原催化转换器的性能和故障操作方法及说明见表 5-27。

检测、诊断柴油机选择还原催化转换器的性能和故障操作方法及说明　　表 5-27

步　骤	操作方法及说明	质量标准及记录
1. 故障确认	故障现象：柴油车辆 SCR 故障指示灯点亮	—
2. 故障可能原因分析	查阅维修资料，SCR 故障指示灯点亮，故障可能是尿素不建压、氨泄漏等故障	—
3. 检查选择还原催化转化器	(1) 检查管路状况和安装状态； (2) 检查尿素泵电机工作情况、电压信号； (3) 确认换向阀工作情况； (4) 检查喷油器情况； (5) 检查温度传感器、排气温度传感器、尿素压力传感器情况	□管路正常,安装正确 □尿素泵正常 □换向阀工作正常 □喷油器工作正常 □系统各部件正常 □检查结论：_____

任务评价

排放控制系统单个故障诊断排除考核评分记录见表 5-28。

排放控制系统单个故障诊断排除考核评分记录表　　表 5-28

类别	序号	项　　目	考核内容及要求	配分	评分标准 （各项配分扣完为止）	得分
专业知识 (20 分)	1	曲轴箱通风系统性能和故障	曲轴箱通风系统组成与工作原理	5	能描述故障原理和诊断方法，每错一处扣 1 分，扣完为止	
	2	燃油蒸发控制系统性能和故障	燃油蒸发控制系统组成与工作原理	10	能描述故障原理和诊断方法，每错一处扣 1 分，扣完为止	
	3	三效催化转换器性能和故障	三效催化转换器组成与工作原理	5	能描述故障原理和诊断方法，每错一处扣 1 分，扣完为止	
技能操作 (80 分)	1	曲轴箱通风系统性能和故障	检测、诊断曲轴箱通风系统性能和故障	20	规范完成操作流程，每错一处扣 1 分，扣完为止	
	2	燃油蒸发控制系统性能和故障	检测、诊断燃油蒸发控制系统性能和故障	20	规范完成操作流程，每错一处扣 1 分，扣完为止	
	3	废气再循环系统性能和故障	检测、诊断废气再循环系统性能和故障	20	规范完成操作流程，每错一处扣 1 分，扣完为止	

续上表

类别	序号	项目	考核内容及要求	配分	评分标准（各项配分扣完为止）	得分
技能操作(80分)	4	正确使用工具、设备、材料	工具、设备使用正确	5	一种工具、设备、材料使用不正确，扣2分	
					损坏、丢失一件工具，不得分	
	5	操作规程	操作规程执行情况	10	违反操作规程，不得分	
	6	清理现场(5S管理)	清理、整理并回收工具和设备	5	少收一件工具、设备，扣1分	
		分数总计		100	最终得分	

考核员签字：_____　　　　　　　　　日期：_____年___月___日

项目六　汽车底盘故障诊断与排除

项目描述

汽车底盘由传动系统、行驶系统、转向系统和制动系统组成,其功用是接收发动机或电机的动力、使汽车运动并保证汽车能够按照驾驶员的操纵意图正常行驶。在本项目的学习中,通过对汽车底盘基本构造的认知,能够完成简单底盘零部件的紧固和更换作业。

本项目通过对汽车底盘的拆装(包括行驶系统、转向系统和制动系统等拆装)、传动系统检修、行驶系统检修、转向系统检修及制动系统检修等任务分别进行讲解,从而让读者掌握汽车底盘各个系统拆装和检修的专业知识和操作要点。

任务1　底盘总成检修(三级)

▶建议学时:2学时

一、知识要求

1. 掌握离合器总成检修技术要求。
2. 掌握手动变速器总成检修要求。
3. 掌握万向传动装置检修技术要求。
4. 掌握主减速器和差速器检修技术要求。
5. 掌握转向器总成检修技术要求。

二、技能要求

1. 能检修离合器总成。
2. 能检修手动变速器总成。
3. 能检修万向传动装置。
4. 能检修主减速器和差速器总成。
5. 能检修转向器总成。

本任务是以项目三的汽车底盘各总成结构知识为基础,按底盘各总成技术要求进行

检修。

一、实训资源

(1)实训场地:汽车底盘维修工位1个。
(2)实训车辆:丰田轿车或发动机台架。
(3)工具耗材及设备:零件车、工具车(含常用工具、专用工具、抹布等)及危废物收集器、维修手册。

二、安全注意事项

(1)拆装作业前须做好车辆防护,安装相应的防护垫和防护套。
(2)按安全操作规程操作举升机、电动和气动工具。
(3)作业过程做到工量具、设备零件、油污不落地,按5S管理规定处理操作产生的危废物,做好完工检查。

三、操作过程

1.离合器总成检修
离合器总成检修的操作方法及说明见表6-1。

离合器总成检修操作方法及说明 表6-1

步　骤	操作方法及说明	质量标准及记录
1.从动盘和摩擦片检修	(1)检查从动盘和摩擦片有无磨损、烧蚀、龟裂、油污或松动,测量铆钉头的深度; (2)检查从动盘钢片有无翘曲、减振器弹簧折断等; (3)用手锤敲击检查从动盘与接合盘有无松动	□从动盘摩擦片无烧蚀、龟裂、油污,铆钉头深度≥0.50mm □离合器压盘刮痕≤0.3mm □从动盘钢片齐全有效,无翘曲
2.压盘弹簧检和分离轴承检修	(1)检查压盘弹簧有无弯曲、折断用弹簧的高差; (2)检查分离轴承转动是否灵活,有无异响、松旷或阻滞,轴承内孔、轴间隙磨损情况; (3)根据检查情况,视情修理	□弹簧无弯曲、折断 □弹簧高差≤3mm □分离轴承有无异响、松旷或阻滞 □分离轴承内孔磨损≤0.03mm,轴向间隙≤0.60mm

2.手动变速器总成检修
手动变速器总成检修的操作方法及说明见表6-2。

手动变速器总成检修操作方法及说明　　　　　　　　　　　　　　　　　　　　　　表6-2

步　骤	操作方法及说明	质量标准及记录
1. 操纵机构检修	(1) 检查变速杆、换挡杆及内选挡杆的磨损及变形情况； (2) 检查换挡接合器的连接部位有无松旷； (3) 检查变速器拨叉的弯扭变形及拨叉下端的磨损情况； (4) 检查变速器拨叉轴的直线度及磨损情况	□内选挡杆轴劲磨损≤0.20mm □拨叉下端工作面磨损量≤0.20mm，或与接合套拨槽的配合间隙≤0.50mm □变速器拨叉轴直线度误差≤0.20mm
2. 变速器齿轮、轴的检修	(1) 检查齿轮的齿面有无磨损成阶梯形、拉伤、剥落、烧蚀、斑点； (2) 检查齿轮有无齿长磨损变短、齿裂纹、打坏等情况； (3) 检查齿轮轴有无裂纹、弯曲变形、轴颈及花键磨损等	□齿轮齿面无疲劳脱落和斑点 □输入轴、输出轴无裂纹，各轴颈磨损≤0.03mm □输入轴前端花键齿磨损≤0.10mm
3. 变速器壳体的检修	变速器壳体出现裂纹，各接合平面发生明显的翘曲变形或各轴承座孔磨损严重与轴承配合松旷时，应换用新件	□无裂纹 □接合面无翘曲变形 □轴承座孔无严重磨损
4. 同步器的检修	检查锁环内锥面、齿圈键齿及与滑块配合的3个缺口的磨损情况	□锁环与齿轮端面间隙符合规定

3. 万向传动装置检修

万向传动装置检修的操作方法及说明见表6-3。

万向传动装置检修操作方法及说明　　　　　　　　　　　　　　　　　　　　　　表6-3

步　骤	操作方法及说明	质量标准及记录
1. 传动轴的检修	检查传动轴轴管表面有无明显凹痕和裂纹	□传动轴无明显痕和裂纹 □传动轴和中间传动轴径向跳动≤0.4mm
2. 传动花键轴、滑动叉的检修	检查花键轴侧隙值，装配后应滑动自如，否则应更换滑动叉	花键轴侧隙值≤0.15mm
3. 万向节叉、十字轴及轴承的检修	(1) 检查万向节叉有无裂纹； (2) 检查十字轴轴颈表面是否有疲劳剥落、磨损沟槽等； (3) 检查十字轴滚针轴承与十字轴轴颈的配合间隙； (4) 检查十字轴滚针轴承滚针有无烧蚀、锈蚀、疲劳剥落等； (5) 十字轴滚针轴承油封有无失效； (6) 根据检查情况视情修理	□十字轴轴颈表面压痕深度≤0.1mm

续上表

步骤	操作方法及说明	质量标准及记录
4.中间支承轴承及支架的检修	(1)检查中间支承轴承的转动是否灵活，有无异响； (2)检查轴承滚珠、滚柱和外滚道上有无烧伤、剥落，保持架有无裂纹、铆钉松动； (3)检查支架有无破裂，油封有无磨损，油嘴螺纹是否损伤； (4)视情修理	□轴承径向间隙≤0.05mm □轴承轴向间隙≤0.5mm
5.传动轴组合件的检修	进行传动轴组合件的动平衡试验	□传动轴任何一端的动不平衡量≤10g·cm

4.主减速器和差速器总成检修

主减速器和差速器总成检修的操作方法及说明见表6-4。

主减速器和差速器总成检修操作方法及说明　　　　表6-4

步骤	操作方法及说明	质量标准及记录
1.主动齿轮、从动齿轮、行星齿轮及半轴齿轮的检修	(1)检查主动齿轮、从动齿轮、行星齿轮及半轴齿轮的齿面有无刮伤或严重磨损； (2)检查从动锥齿轮的偏摆量是否合格； (3)检查主、从动齿轮啮合间隙是否合格； (4)检查主从动齿轮轮齿啮合印痕是否符合	□齿轮齿面无疲劳剥落 □齿轮啮合间隙符合规定
2.主动锥齿轮轴承预紧度的检修	检查主动锥齿轮轴承预紧度是否符合要求	□已用过的轴承：0.5~0.8N
3.从动锥齿轮轴承预紧度的检修	检查从动锥齿轮轴承预紧度是否符合要求	□从动齿轮啮合间隙约为0.2mm
4.主从动锥齿轮啮合间隙的检修	(1)检查主、从动锥齿轮啮合间隙是否符合规定； (2)间隙过大，将从动锥齿轮另一侧的调整螺母拧松，从动锥齿轮一侧的调整螺母拧紧；间隙过小，则反之	□从动锥齿轮间隙符合规定
5.主从动锥齿轮啮合印痕的检修	(1)检查主、从动锥齿轮啮合印痕是否符合要求； (2)在调整好主、从动锥齿轮啮合间隙之后，才能调整轮齿啮合印痕	□检查主从动齿轮啮合印痕

5.转向器总成检修

转向器总成检修的操作方法及说明见表6-5。

转向器总成检修操作方法及说明　　　　表6-5

步骤	操作方法及说明	质量标准及记录
1.动力转向器壳体的检修	检查动力转向器壳体是否漏油，若漏油，应更换油封，螺栓松动，应拧紧	□不漏油、不松动
2.动力转向器轴承的检修	检查轴承是否松旷或磨损，若是应调整磨损超差或更换	□不松旷、不磨损

项目六　汽车底盘故障诊断与排除

续上表

步骤	操作方法及说明	质量标准及记录
3. 转向轴的检修	(1)检查转向控制阀油封与轴的接触面有无磨损、烧蚀或刻痕等； (2)检查转向控制阀上的密封环是否有过量磨损、断裂； (3)检查油封有无老化变形； (4)检查配合副磨损特别是控制阀的阀芯与阀体的接合表面磨损有无严重磨损； (5)检查动力缸磨损有无严重磨损； (6)根据检查情况调整或更换	□不磨损、不烧蚀 □不老化
4. 油泵的检修	(1)检查油泵前后壳轴套有无磨损和损坏，若有应更换； (2)检查油泵转子在装叶片的槽内是否有污垢，如有应进行清洗； (3)检查油泵转子、定子表面是否有严重的烧蚀、磨损，如有应更换油泵	□不磨损 □无污垢

任务评价

底盘总成检修考核评分记录见表6-6。

汽车底盘总成检修考核评分记录表　　　　　　　　　表6-6

类别	序号	项目	考核内容及要求	配分	评分标准（各项配分扣完为止）	得分
专业知识(20分)	1	离合器总成检修	离合器总成检修作业内容和技术要求	6	能描述作业内容和技术要求，每错一处扣1分，扣完为止	
	2	手动变速器总成检修	手动变速器总成检修作业内容和技术要求	8	能描述作业内容和技术要求，每错一处扣1分，扣完为止	
	3	转向器总成检修	转向器总成检修作业内容和技术要求	6	能描述作业内容和技术要求，每错一处扣1分，扣完为止	
技能操作(80分)	1	离合器总成检修	能检修离合器总成	20	规范完成操作流程，每错一处扣1分，扣完为止	
	2	主减速器和差速器检修	能检修主减速器和差速器总成	20	规范完成操作流程，每错一处扣1分，扣完为止	
	3	工匠精神培育	工匠精神、精益求精、团队建设	10	刻苦耐劳、团队合作，缺一项，不得分	
	4	正确使用工具、设备、材料	工具、设备使用正确	20	规范使用设备和工量具，做到"三不落地"，错误一项，不得分	
	5	清理现场(5S管理)	清理、整理并回收工具和设备	10	作业完毕并完成5S管理操作	
分数总计				100	最终得分	

考核员签字：_____　　　　　　　　　　　　日期：_____年____月____日

任务2　传动系统单个故障诊断与排除(三级)

▶ 建议学时:2学时

一、知识要求

1. 掌握离合器故障诊断与排除技术要求。
2. 掌握手动变速器故障与排除技术要求。
3. 掌握自动变速器技术状况的测试技术要求。
4. 掌握万向传动装置故障诊断与排除技术要求。
5. 掌握主减速器和差速器故障诊断与排除技术要求。

二、技能要求

1. 能诊断和排除离合器总成故障。
2. 能诊断和排除手动变速器故障。
3. 能测试自动变速器的技术状况。
4. 能诊断和排除万向传动装置故障。
5. 能诊断和排除主减速器和差速器故障。

本任务是以项目三的传动系统各总成结构知识为基础,按各总成技术要求,对各总成及主要部件单个故障进行诊断与排除。

任务实施

一、实训资源

(1)实训场地:汽车底盘维修工位1个。
(2)实训车辆:丰田轿车或底盘套件。
(3)工具耗材与设备:零件车、工具车(含常用工具、专用工具、抹布等)及危废物收集器、维修手册。

二、安全注意事项

(1)拆装作业前须做好车辆防护,安装相应的防护垫和防护套。
(2)按安全操作规程操作举升机、电动和气动工具。
(3)作业过程做到工量具、设备零部件、油污不落地,按5S管理规定处理操作产生的危废物,做好完工检查。

三、操作过程

1. 离合器故障诊断与排除

离合器故障诊断与排除的操作方法及说明见表 6-7。

离合器故障诊断与排除操作方法及说明　　　　表 6-7

步　骤	操作方法及说明	质量标准及记录
1. 检查离合器打滑	(1) 检查离合片有无磨损,若有则调整或更换; (2) 检查离合器有无自由行程,若有则调整或排空; (3) 检查离合器弹簧有无损坏或松旷,若有则更换; (4) 检查摩擦片与壳体接触面积是否过小,若有则调整; (5) 检查摩擦片表面是否脏污油腻,若有则清洁或更换; (6) 检查分离杠杆是否弯曲变形,若有则修复或更换	□无磨损 □自由行程符合要求 □弹簧符合技术要求 □接触面积符合要求 □无脏污油腻 □无变曲变形
2. 解决离合器不能分离	(1) 检查离合器手柄自由行程是否过大,若是则调整; (2) 检查离合器片是否变形或厚度是否过大,若是则修理或更换; (3) 检查分离杠杆是否弯曲变形、支座松动,或支座轴销脱出,若是则修理或更换; (4) 检查分离杠杆是否调整不当,若是则调整	□自由行程符合要求 □无变形 □分离杠杆技术要求
3. 检查离合器异响	(1) 检查分离轴承是否缺润滑剂或轴承损坏,若有则添加润滑剂或更换; (2) 检查分离轴承与分离杠杆内端之间是否无间隙,若无则调整; (3) 检查分离轴承套筒与导管之前是否有油污、尘腻,或分离轴承复位弹簧与踏板复位弹簧有无疲劳、折断、脱落,若有则修理或更换; (4) 检查从动盘花键孔与其花键轴配合是否松旷,若有则更换; (5) 检查从动盘减振弹簧有无退火、疲劳或折断,若有则更换; (6) 检查从动盘摩擦片铆钉是否松动或外露,若则更换; (7) 检查双片离合器传动销与中间压盘和压盘的销孔是否磨损松旷,若有则更换	□不缺油、无损坏 □间隙符合要求 □无脏污油腻 □不松旷 □弹簧符合要求
4. 检查起步发抖原因	(1) 检查分离杠杆内端高度是否不处在同一平面内,若是则调整; (2) 检查从动盘或压盘是否翘曲变形,飞轮工作端面的端面是否圆跳动严重; (3) 检查从动盘摩擦片厚度是否不均匀、油污、烧焦、表面不平整、表面硬化、铆钉露出、铆钉松动或切断、膜片弹簧片损坏,若是则更换; (4) 检查压紧弹簧的弹力是否不均、疲劳或个别折断、膜片弹簧疲劳或开裂,若是则更换; (5) 检查从动盘上的缓冲片破裂或减振弹簧是否疲劳、折断,若是则更换; (6) 检查发动机支架、变速器、飞轮、飞轮壳等的固定螺栓是否松动,若是则紧固; (7) 检查分离轴承套筒与导管是否有油污、尘腻严重,若是则修理	□需处于同一平面 □无翘曲变形、端面圆跳动检查符合要求 □摩擦片符合要求

2. 手动变速器故障诊断与排除

手动变速器故障诊断与排除的操作方法及说明见表6-8。

手动变速器故障诊断与排除操作方法及说明　　　　　表6-8

步骤	操作方法及说明	质量标准及记录
1. 检查变速器乱挡	（1）检查互锁装置是否失效，如拨叉轴、互锁销或互销钢球磨损过度等，若是则修理或更换； （2）检查变速杆下端弧形工作面是否磨损过大或拨叉轴上拨块的凹槽是否磨损过大，若是则更换； （3）检查变速杆球头定位销是否折断或球孔、球头是否磨损松旷，若是则更换	□重点检查变速器操纵机构
2. 修复变速器挂挡困难	（1）检查同步器是否散架、锥环内锥面螺旋槽是否磨损、滑块是否磨损、弹簧是否过软等，若是则更换； （2）检查一轴是否弯曲、花键是否磨损严重； （3）检查拨叉轴是否弯曲、锁紧弹簧是否过硬、钢球是否损伤； （4）检查齿轮油是否不足或过量、齿轮油是否不符合规格	□重点检查变速器油、同步器、一轴和拨叉轴
3. 变速器异响检修	（1）检查齿轮是否磨损过度变薄、间隙过大、运转中有冲击，若是则更换； （2）检查齿轮齿面是否啮合不良，若修理时没有成对更换齿轮，新、旧齿轮搭配，则齿轮不能正确啮合，若是则更换成对齿轮； （3）检查齿面金属是否疲劳剥落或个别齿损坏折断，若是则更换； （4）检查齿轮与轴上的花键配合是否松旷，或齿轮的轴向间隙是否过大，若是则调整； （5）检查是否因轴弯曲或轴承松旷引起齿轮啮合间隙改变，若是则更换； （6）检查轴承是否磨损严重，若是则更换； （7）检查轴承内（外）座圈与轴颈（孔）配合是否松动，若是则更换； （8）检查轴承滚珠是否碎裂或有烧蚀麻点； （9）检查齿轮油是否不足、过稀、过稠或质量变坏，是否掉入异物等，若是则更换齿轮油或取出异物	□重点检查齿轮、轴承和变速器油或异物
4. 解决变速器漏油	（1）齿轮油是否选用不当或油量过多，若是则更换或调整； （2）检查变速器密封垫和油封有无损坏，视情更换； （3）检查放油塞固定螺栓是否松动或滑牙，若是则拧紧或修理； （4）检查变速器壳体及盖的固定螺栓是否松动或滑牙，若是则拧紧或更换； （5）检查变速器壳体是否破裂，若是则更换； （6）检查里程表齿轮限位器是否松脱或破损，若是则锁紧或更换； （7）检查变速杆油封是否漏油，若是则更换	□重点检查变速器油、密封垫、油封、连接螺栓、变速器壳体

3. 自动变速器技术状况诊断

自动变速器技术状况诊断操作方法及说明见表6-9。

自动变速器技术状况的测试操作方法及说明　　　　　表6-9

步　骤	操作方法及说明	质量标准及记录
1. 自动变速器常规检测	(1) 发动机怠速时的检测； (2) 发动机节气门阀拉线的检测； (3) 选挡机构的检测	□发动机达到正常工作温度，自动变速置于"N"时，发动机怠速在规定的范围内 □各个挡位工作正常
2. 自动变速器挡位检测	检查自动变速各个挡位的工作情况是否良好，包括手动选挡、手动换挡和前进挡	□各个挡位工作正常
3. 自动变速器失速检测	在车速为零的状态下，检测发动机转速的试验，驻车挂入"D"挡，迅速将加速踏板踩到最大加速位置，当发动机转速上升到最大时，记下此时的转速即为失速转速	□不同发动机、不同的液力变矩器的失速转速是不同的，但一般失速转速都在1500~3000r/min之间
4. 自动变速器电控系统元件的检测	(1) 车速传感器损坏，使自动变速器不能升挡或不能降挡，严重时出现频繁跳挡； (2) 换挡电磁阀损坏，会导致不能换挡； (3) 油压控制电磁阀损坏，则可能造成变速器无法挂挡； (4) 控制开关包括超速开关、模式开关、档位开关、制动开关和强制降挡开关等，其损坏则造成相关功能失效； (5) 油温传感器损坏，则可能会造成变速器起步顿挫、换挡冲或延迟冲，或有异响等	□确保是系统线束导线及和接插件、各电控元件工作正常
5. 自动变速器液压检测	关闭发动机，将变速器置于"P"挡位置，拆下需要测试油压的接点堵头，再接上油压测试管接头，然后接上油压软管及油压表（量程为0~3MPa）。起动发动机，使变速器处于油压被测状态，检查管接头和油管的连接是否可靠，有无漏油。待变速器的油温达到正常工作温度后，在各种工况下测试并记录油压标定数值，通过比较测量值与标准值的差异，判断系统的工作情况	□各连接管接头均应拧紧
6. 自动变速器道路试验	(1) 起步工况检测； (2) 汽车加速驱动传动性能检测； (3) 匀速行驶传动系统性能检测； (4) 大负荷高速行驶传动系性能检测； (5) 汽车变速器减速滑行性能检测； (6) 自动换挡检测； (7) 发动机制动性能检测； (8) 强制降挡功能检测； (9) 液力变矩器锁止功能检测	□路面行车注意安全

4. 万向传动装置故障诊断与排除

万向传动装置故障诊断与排除的操作方法及说明见表6-10。

万向传动装置故障诊断与排除操作方法及说明 表 6-10

步　骤	操作方法及说明	质量标准及记录
1.汽车起步时或行驶中改变车速时有撞击声,检查来源	(1)检查十字轴及滚针轴承是否磨损过度或松旷,若是则更换; (2)检查传动轴与滑动叉配合花键是否磨损过度或松旷,若是则更换; (3)检查各紧固螺栓是否松动或滑牙,若是则紧固或修理	□重点检查万向节和传动轴
2.汽车行驶时有异响,检查异响原因	(1)检查中间支承位置有无变形,若是则调整; (2)检查中间支承轴承有无严重磨损过大,若是则更换; (3)检查中间支承橡胶垫有无损坏,若是则更换; (4)检查万向节装配是否适当,若是则调整	□重点检查中间支承及支架
3.汽车行驶时有异响并伴随车身抖振,检查原因	(1)检查传动轴是否弯曲变形,若是则修理或更换; (2)检查传动轴是否不平衡,若是则调整; (3)检查中间支承部件是否损坏严重,若是则更换	□重点检查传动轴和中间支承部件

5.主减速器和差速器故障诊断与排除

主减速器和差速器故障诊断与排除操作方法及说明见表 6-11。

主减速器和差速器故障诊断与排除操作方法及说明 表 6-11

步　骤	操作方法及说明	质量标准及记录
1.漏油检查	(1)检查桥壳有无裂纹或损坏; (2)检查加油口、放油口螺塞是否松动; (3)检查密封垫、油封是否损坏,通气孔是否堵塞; (4)根据检查情况调整或更换	□无渗漏 □桥壳无变形和裂纹
2.汽车挂挡行驶、脱挡滑行均有异响,检查原因	(1)检查齿轮油、或油品质是否正常; (2)检查主减速器滚动轴承、差速器轴承的预紧度、主减速器锥齿轮啮合间隙及轮齿是否正常; (3)根据检查情况调整或更换	□无渗漏 □无异响
3.挂挡行驶有异响,滑行声响减弱或消失,检查原因	检查主减速器锥齿轮齿面的正面是否磨损严重、齿面损伤或啮合面调整不当,若是则调整或更换	□重点检查主减速器锥齿轮
4.转弯行驶有异响、直线行驶时声响减弱或消失,检查原因	检查半轴齿轮或行星齿轮的齿面是否严重磨损、齿面点蚀、轮齿变形或折断、行星齿轮轴是否磨损或半轴是否弯曲,或则更换	□重点检查半轴、行星齿轮
5.汽车起步或突然换车速时发出异响,检查原因	检查驱动桥内游动角度是否太大,若是则调整	□重点检查驱动桥内游动角度

传动系统单个故障诊断排除考核评分记录见表 6-12。

传动系统单个故障诊断排除考核评分记录表　　　　　　表 6-12

类别	序号	项目	考核内容及要求	配分	评分标准（各项配分扣完为止）	得分
专业知识(20分)	1	离合器故障	离合器故障诊断排除方法和技术要求	6	能描述故障原理和诊断方法，每错一处，扣1分，扣完为止	
	2	万向传动装置故障	万向传动装置故障诊断排除方法和技术要求	8	能描述故障原理和诊断方法，每错一处，扣1分，扣完为止	
	3	主减速器和差速器故障	主减速器和差速器故障诊断排除方法和技术要求	6	能描述故障原理和诊断方法，每错一处，扣1分，扣完为止	
技能操作(80分)	1	手动变速器故障	能诊断排除手动变速器故障	20	规范完成操作流程，每错一处，扣1分，扣完为止	
	2	万向传动装置故障	能诊断排除万向传动装置故障	20	规范完成操作流程，每错一处，扣1分，扣完为止	
	3	行驶系统故障	能诊断排除行驶系统故障	20	规范完成操作流程，每错一处，扣1分，扣完为止	
	4	正确使用工具、设备、材料	工具、设备使用正确	5	一种工具、设备、材料使用不正确，扣2分	
					损坏、丢失一件工具，不得分	
	5	操作规程	操作规程执行情况	10	违反操作规程，不得分	
	6	清理现场(5S 管理)	清理、整理并回收工具和设备	5	少收一件工具、设备，扣1分	
		分数总计		100	最终得分	

考核员签字：＿＿＿＿＿＿＿＿＿＿　　　　　　　　　　　　　　日期：＿＿＿＿年＿＿月＿＿日

任务3　行驶系统单个故障诊断与排除(三级)

▶ 建议学时:2 学时

考核要求

一、知识要求

1. 掌握行驶异响故障诊断与排除技术要求。
2. 掌握行驶跑偏故障诊断与排除技术要求。
3. 掌握车轮故障诊断与排除技术要求。
4. 掌握悬架装置故障诊断与排除技术要求。

二、技能要求

1. 能诊断排除行驶系统如行驶异响、跑偏、轮胎异常磨损等单个故障。
2. 能诊断排除悬架装置如弹簧、减振器等单个故障。

任务准备

本任务是以项目三的行驶系统各总成结构知识为基础,按各总成技术要求,对各总成及主要部件单个故障进行诊断与排除。

任务实施

一、实训资源

（1）实训场地：汽车底盘维修工位1个。
（2）实训车辆：丰田轿车或底盘套件。
（3）工具耗材与设备：零件车、工具车(含常用工具、专用工具、抹布等)及危废物收集器、维修手册。

二、安全注意事项

（1）拆装作业前须做好车辆防护,安装相应的防护垫和防护套。
（2）按安全操作规程操作举升机、电动和气动工具。
（3）作业过程做到工量具、设备零部件、油污不落地,按 5S 管理规定处理操作产生的危废物,做好完工检查。

三、操作过程

1. 行驶异响故障诊断与排除

行驶异响故障诊断与排除操作方法及说明见表 6-13。

行驶异响故障诊断与排除操作方法及说明　　　　　表 6-13

步骤	操作方法及说明	质量标准及记录
1. 平衡杆胶套异响原因检查	（1）故障现象。慢速通过减速带的瞬间,听到底盘处传来"滋儿"干摩擦声； （2）检查平衡杆胶套是否缺油或损坏,若是则添加润滑油或更换	□重点检查平衡杆胶套
2. 减振器响原因检查	（1）故障现象。车辆在水泥路面,中速行驶时,底盘传来沉闷的"咚咚"声,响声频率跟路面平整度有关； （2）检查减振器是否损坏,若是则更换	□重点检查减振器
3. 轮胎夹石异响原因检查	（1）故障现象。车辆在行驶中,听到"哒、哒、哒"的响声,响声的频率随车速加快而加快,开着车窗时响声更加明显； （2）检查车轮胎纹缝隙有无石子等杂物,若则清理	□重点检查车轮

2. 行驶跑偏故障诊断与排除

行驶跑偏故障诊断与排除操作方法及说明见表 6-14。

行驶跑偏故障诊断与排除操作方法及说明　　　　　　　　　　　表 6-14

步　骤	操作方法及说明	质量标准及记录
汽车自动跑偏原因检查	(1) 排除路面平整度影响； (2) 检查轮胎的气压、磨损程度、花纹是否一致,视情调整或更换轮胎； (3) 检查前轮定位是否正确,视情调整或更换； (4) 检查悬架及弹性元件,视情调整或更换； (5) 检查制动器制动间隙、轮毂轴承预紧度是否合适,视情调整或更换	□重点检查前轮胎及四轮定位、悬架、制动鼓、轮毂轴承

3. 车轮故障诊断与排除

车轮故障诊断与排除操作方法及说明见表 6-15。

车轮故障诊断与排除操作方法及说明　　　　　　　　　　　表 6-15

步　骤	操作方法及说明	质量标准及记录
1. 前轮异常磨损原因检查	(1) 检查前悬架、减振器及各连接是否牢固； (2) 检查左、右两前轮胎气压是否一致； (3) 检查前转向节内轴承有无松动或损坏； (4) 检查前轮定位参数是否正确； (5) 根据检查情况调整或更换	□重点检查前轮胎及定位,前悬架、各杆件接头、转向节内轴承等
2. 后轮异常磨损原因检查	(1) 检查车轮推力轴承间隙、磨损是否正常； (2) 检查侧向拉杆、衬套有无变形或损坏； (3) 检查悬架与车体连接部位有无松动； (4) 根据检查情况调整或更换	□重点检查车轮止推间隙

4. 悬架装置故障诊断与排除

悬架装置故障诊断与排除的操作方法及说明见表 6-16。

悬架装置故障诊断与排除操作方法及说明　　　　　　　　　　　表 6-16

步　骤	操作方法及说明	质量标准及记录
1. 悬架异响原因检查	(1) 检查下摆臂前后橡胶衬套有无磨损、老化； (2) 检查减振器、弹性元件有无失效或弯折,连接是否牢固； (3) 根据检查情况调整或更换	□重点检查悬架各类橡胶衬套、减振弹簧和减振器
2. 悬架前轮摆动或跑偏原因检查	(1) 检查车轮轮毂、轴承是否正常； (2) 检查前轮定位参数、轮胎气压是否正常； (3) 检查下摆臂、横拉杆球头销有无磨损或松动 (4) 检查前减振器、转向节是否正常,连接是否牢固； (5) 根据检查情况调整或更换	□重点检查轮毂轴承、轮毂、四轮定位、前束和外倾角、球头销、减振器、紧固螺栓、轮胎气压
3. 悬架导致车身侧倾过大原因检查	(1) 检查两前轮轮胎气压是否一致； (2) 检查减振器、弹性元件有无损坏或变形； (3) 检查横向稳定杆、横向控制杆、悬架控制臂有无磨损、变形或损坏； (4) 根据检查情况调整或更换	□重点检查减振器、稳定杆、四轮定位、轮胎气压
4. 转向沉重或转向盘回位不良原因检查	(1) 检查四轮定位是否不当,若是则调整； (2) 检查轮胎气压是否异常,若是则调整； (3) 检查悬架控制臂球节是否润滑不良、咬死或损坏,若是则更换	□重点检查四轮定位、轮胎气压、悬架控制臂球节

任务评价

行驶系统单个故障诊断排除考核评分记录见表6-17。

行驶系统单个故障诊断排除考核评分记录表　　　　表6-17

类别	序号	项目	考核内容及要求	配分	评分标准 （各项配分扣完为止）	得分
专业知识 (20分)	1	行驶异响故障	行驶异响故障诊断排除技术要求	6	能描述故障原理和诊断方法,每错一处扣1分,扣完为止	
	2	行驶跑偏故障	行驶跑偏故障诊断排除技术要求	8	能描述故障原理和诊断方法,每错一处扣1分,扣完为止	
	3	悬架装置故障	悬架装置故障诊断排除技术要求	6	能描述故障原理和诊断方法,每错一处扣1分,扣完为止	
技能操作 (80分)	1	诊断排除行驶系统故障	能诊断排除行驶系统如行驶异响、跑偏、轮胎异常磨损等单个故障	30	规范完成操作流程,每错一处扣1分,扣完为止	
	2	诊断排除悬架装置故障	能诊断排除悬架装置如弹簧、减振器等单个故障	30	规范完成操作流程,每错一处扣1分,扣完为止	
	3	正确使用工具、设备、材料	工具、设备使用正确	5	一种工具、设备、材料使用不正确,扣2分	
					损坏、丢失一件工具,不得分	
	4	操作规程	操作规程执行情况	10	违反操作规程,不得分	
	5	清理现场(5S管理)	清理、整理并回收工具和设备	5	少收一件工具、设备,扣1分	
分数总计				100	最终得分	

考核员签字:_____　　　　　　　　　　　　日期:_____年___月___日

任务4　转向系统单个故障诊断与排除(三级)

▶建议学时:2学时

一、知识要求

1.掌握机械转向系统故障诊断技术要求。

2. 掌握液压助力转向系统故障诊断技术要求。
3. 掌握电动助力转向系统故障诊断技术要求。

二、技能要求

1. 能诊断机械转向系统故障。
2. 能诊断液压助力转向系统故障。
3. 能诊断电动助力转向系统故障。

任务准备

本任务是以项目三的转向系统各总成结构知识为基础，按各总成技术要求，对各总成及主要部件单个故障进行诊断与排除。

任务实施

一、实训资源

(1) 实训场地：汽车底盘维修工位1个。
(2) 实训车辆：丰田轿车1辆。
(3) 工具耗材及设备：零件车、工具车（含常用工具、专用工具、抹布等）及危废物收集器、维修手册1本。

二、安全注意事项

(1) 拆装作业前须做好车辆防护，安装相应的防护垫和防护套。
(2) 按安全操作规程操作举升机、电动和气动工具。
(3) 作业过程做到工量具、设备零部件、油污不落地，按5S管理规定处理操作产生的危废物，做好完工检查。

三、操作过程

1. 机械转向系统故障诊断

机械转向系统故障诊断操作方法及说明见表6-18。

机械转向系统故障诊断操作方法及说明　　　　表6-18

步骤	操作方法及说明	质量标准及记录
1. 转向沉重原因检查	(1) 前轮胎气压、前轮定位是否正常； (2) 检查转向器啮合间隙、轴承轴向间隙是否正常，润滑是否良好； (3) 检查转向轴、柱管是否变形； (4) 检查转向传动机构、拉杆球头销的坚固、润滑是否正常； (5) 检查车架、前轮毂轴承预紧度是否正常； (6) 根据检查情况调整或更换	□ 重点检查转向器、转向传动机构、前轮胎气压和定位、前轮毂轴承、前桥、车架

续上表

步骤	操作方法及说明	质量标准及记录
2.转向不灵敏、操纵不稳定原因检查	(1)检查汽车前轮前束、毂轴承间隙是否正常； (2)检查转向器啮合间隙、轴承轴向间隙、转向盘自由行程是否正常； (3)根据检查情况调整或更换	□重点检查转向器、轮毂轴承、前束
3.转向发卡原因检查	(1)检查转向器内是否有异物或损坏； (2)检查转向器啮合间隙是否正常； (3)根据检查情况调整或更换	□重点检查转向器

2. 液压助力转向系统故障诊断

液压助力转向系统故障诊断操作方法及说明见表6-19。

液压助力转向系统故障诊断操作方法及说明　　　　表6-19

步骤	操作方法及说明	质量标准及记录
1.转向沉重原因检查	(1)检查轮胎气压、磨损是否异常； (2)检查各拉杆球头有无卡滞或不灵活； (3)检查转向主销和平面轴承润滑是否良好； (4)检查转向助力泵、管路、转向器是否正常； (5)根据检查情况调整或更换	□轮胎气压正常 □连接牢固,润滑良好
2.转向盘回位困难原因检查	(1)检查前胎气压、定位参数是否正常； (2)检查控制阀、液压阀是否正常； (3)根据检查情况调整或更换	□轮胎气压正常 □连接牢固,润滑良好 □无渗漏
3.左右转向轻重不同故障原因检查	(1)检查前轮气压是否不一致； (2)检查前轮轴承松紧度是否正常； (3)检查制动油缸和管路是否有空气； (4)检查液压阀和活塞是否异响； (5)根据检查情况调整或更换	□轮胎气压正常 □连接牢固,润滑良好

3. 电子助力转向系统故障诊断

电子助力转向系统故障诊断的操作方法及说明见表6-20。

电子助力转向系统故障诊断操作方法及说明　　　　表6-20

步骤	操作方法及说明	质量标准及记录
电子助力转向系统转向沉重原因检查	(1)检查蓄电池电压、传动带是否正常； (2)检查电动机、熔断丝、转向控制单元、轮矩传感器及线路是否正常； (3)检查减速机构、离合器是否正常； (4)根据检查情况调整或更换	□重点检查熔断丝、电动机、控制单元、传动带、蓄电池、转矩传感器、减速机构、离合器、线路

任务评价

转向系统单个故障诊断与排除考核评分记录见表6-21。

转向系统单个故障诊断与排除考核评分记录表   表 6-21

类别	序号	项　　目	考核内容及要求	配分	评分标准 (各项配分扣完为止)	得分
专业知识 (20分)	1	机械转向系统故障	机械转向系统故障诊断技术要求	6	能描述故障原理和诊断方法,每错一处扣1分,扣完为止	
	2	液压助力转向系统故障	液压助力转向系统故障诊断技术要求	8	能描述故障原理和诊断方法,每错一处扣1分,扣完为止	
	3	转向传动机构故障	转向传动机构故障诊断技术要求	6	能描述故障原理和诊断方法,每错一处扣1分,扣完为止	
技能操作 (80分)	1	机械转向系统故障	能诊断机械转向系统故障	20	规范完成操作流程,每错一处扣1分,扣完为止	
	2	液压助力转向系统故障	能诊断液压助力转向系统故障	20	规范完成操作流程,每错一处扣1分,扣完为止	
	3	电动助力转向系统故障	能诊断电动助力转向系统故障	20	规范完成操作流程,每错一处扣1分,扣完为止	
	4	正确使用工具、设备、材料	工具、设备使用正确	5	一种工具、设备、材料使用不正确,扣2分	
					损坏、丢失一件工具,不得分	
	5	操作规程	操作规程执行情况	10	违反操作规程,不得分	
	6	清理现场(5S管理)	清理、整理并回收工具和设备	5	少收一件工具、设备,扣1分	
分数总计				100	最终得分	

考核员签字:_____   日期:_____年___月___日

任务5　制动系统单个故障诊断与排除(三级)

▶ 建议学时:2学时

考核要求

一、知识要求

1.掌握制动跑偏故障诊断排除技术要求。
2.掌握制动力不足故障诊断排除技术要求。

3.掌握制动系统电子控制部分故障诊断排除技术要求。

二、技能要求

1.能诊断和排除制动跑偏故障。
2.能诊断和排除制动力不足故障。
3.能诊断和排除制动系统电子控制部分故障。

本任务是以项目三的制动系统各总成结构知识为基础,按各总成技术要求,对各总成及主要部件单个故障进行诊断与排除。

任务实施

一、实训资源

(1)实训场地:汽车底盘维修工位1个。
(2)实训车辆:丰田轿车或底盘套件。
(3)工具耗材与设备:零件车、工具车(含常用工具、专用工具、抹布等)及危废物收集器、维修手册。

二、安全注意事项

(1)拆装作业前须做好车辆防护,安装相应的防护垫和防护套。
(2)按安全操作规程操作举升机、电动和气动工具。
(3)作业过程做到工量具、设备零部件、油污不落地,按5S管理规定处理操作产生的危废物,做好完工检查。

三、操作过程

1.制动跑偏故障诊断与排除

制动跑偏故障诊断与排除操作方法及说明见表6-22。

制动跑偏故障诊断与排除操作方法及说明　　　　表6-22

步　骤	操作方法及说明	质量标准及记录
1.车辆行驶中使用制动时汽车向左偏斜原因检查	(1)检查该车轮制动管路有无渗漏; (2)检查轮胎气压是否正常; (3)检查制动间隙、制动部件是否正常; (4)根据检查情况调整或更换	□重点检查制动管路、制动器
2.路面制动各车轮拖印基本符合要求,但制动仍跑偏,原因检查	(1)如果是出现忽左忽右的跑偏现象,故障不在制动系统,应检查车架或前轴的技术状况; (2)检查前束或纵横拉杆球头销是否松旷	□重点检查车架、前轴、前束、球头销

续上表

步 骤	操作方法及说明	质量标准及记录
3.制动时,转向盘不动,而汽车自动向左偏斜原因检查	(1)检查同一轴上左右轮制动效果是否不一致; (2)检查轮胎气压是否不均,制动底板是否松动	□重点检查制动器、轮胎气压、制动底板

2. 制动力不足故障诊断与排除

制动力不足故障诊断与排除操作方法及说明见表6-23。

制动力不足故障诊断与排除操作方法及说明 表6-23

步 骤	操作方法及说明	质量标准及记录
1. 检查制动管路	连续踩下动踏板,如踏板逐渐升高且有弹性感觉,但稍停一会后再踩踏板时仍然很低; 检查制动系统管路是否有空气,若有则进行排气	□重点检查制动系统气压或液压管路
2. 检查制动踏板自由行程	(1)一脚动不灵,但连续踩几次踏板时动效果很好,检查制动踏板自由行程是否过大,若是则调整; (2)检查制动间隙是否过大,若是则调整或修理	□重点检查制动踏板自由行程和制动器间隙
3. 检查制动蹄片	踩下制动踏板时,不软弱不沉,但就是制动效果不良;检查车轮制动器的制动蹄片是否有油或接触不良、摩擦片老化、磨损、制动鼓磨损不均,若是则调整或修理	□重点检查车轮制动器

3. 制动系统电子控制部分故障诊断与排除

制动系统电子控制部分故障诊断与排除操作方法及说明见表6-24。

制动系统电子控制部分故障诊断与排除操作方法及说明 表6-24

步 骤	操作方法及说明	质量标准及记录
1. 若打开点火开关后该灯不亮,或亮后不熄灭,或行驶中点亮,则进行故障检查	(1)检查蓄电池电压、ABS控制单元是否正常; (2)检查ABS轮速传感器、线路是否正常; (3)根据检查情况调整或更换	□重点检查ABS轮速传感器、线路、控制单元、蓄电池
2. 若行驶中ABS警报灯和制动系统警报灯同时点亮,进行原因检查	(1)表明ABS和制动系统均存在故障,如果是后者,则必须立即停止行驶; (2)检查制动液液位	□重点检查制动液
3. 液位低于"MIN"标记原因检查	(1)切不可继续行驶; (2)添加或更换新的制动液	□重点检查制动液
4. ABS系统调节功能失效原因检查	若液位正常,则表明ABS系统可能出现故障,检查ABS系统	□重点检查ABS系统

任务评价

制动系统单个故障诊断排除考核评分记录见表6-25。

制动系统单个故障诊断排除考核评分记录表　　　　　表6-25

类别	序号	项目	考核内容及要求	配分	评分标准（各项配分扣完为止）	得分
专业知识（20分）	1	制动跑偏故障诊断	制动跑偏故障诊断排除方法和技术要求	6	能描述故障原理和诊断方法，每错一处扣1分，扣完为止	
	2	制动力不足故障	制动力不足故障诊断排除方法和技术要求	8	能描述故障原理和诊断方法，每错一处扣1分，扣完为止	
	3	制动系统电子控制部分的故障	制动系统电子控制部分的故障诊断排除方法和技术要求	6	能描述故障原理和诊断方法，每错一处扣1分，扣完为止	
技能操作（80分）	1	诊断排除制动系统	能诊断排除制动系统如制动跑偏、制动力不足等单个故障	30	规范完成操作流程，每错一处扣1分，扣完为止	
	2	诊断排除制动系统电子控制部分	能诊断排除制动系统电子控制部分的故障	30	规范完成操作流程，每错一处扣1分，扣完为止	
	3	正确使用工具、设备、材料	工具、设备使用正确	5	一种工具、设备、材料使用不正确，扣2分	
					损坏、丢失一件工具，不得分	
	4	操作规程	操作规程执行情况	10	违反操作规程，不得分	
	5	清理现场（5S管理）	清理、整理并回收工具和设备	5	少收一件工具、设备，扣1分	
分数总计				100	最终得分	

考核员签字：_____　　　　　　　　　　　　　日期：_____年____月____日

项目七　汽车电器故障诊断与排除

汽车电器故障诊断是汽车维修工借助相关专业知识、维修经验和诊断工具设备等,对存在故障的电器进行故障诊断,找到并排除故障点,恢复电器正常使用功能的过程。汽车电器维修工(三级)要求掌握的汽车电器故障诊断包括充电、起动系统单个故障诊断排除,照明、信号及仪表单个故障诊断排除,辅助电器系统单个故障诊断排除,以及空调系统单个故障诊断排除。

本项目通过对汽车电器故障诊断工具以及诊断流程和方法进行讲解,从而让读者掌握汽车电气故障诊断的专业知识和操作要点。

任务1　充电、起动系统单个故障诊断与排除(三级)

▶ 建议学时:2学时

一、知识要求

1. 掌握充电系统故障诊断方法。
2. 掌握起动系统故障诊断方法。

二、技能要求

1. 能诊断排除充电系统故障。
2. 能诊断排除起动系统故障。

任务准备

一、充电系统故障诊断

1. 电路原理图

充电系统电路主要由蓄电池、熔断丝、点火开关、充电指示灯、IC电压调节器、交流发电机和导线等组成,如图7-1所示。B端子是发电机电流输出端,IG端子是IC电压调节器工作电源,L端子是充电指示灯端子,S端子是IC电压调节器监测蓄电池电压。

2. 故障现象

充电系统的故障现象主要有发电机不发电、充电电流过小、充电电流过大等。

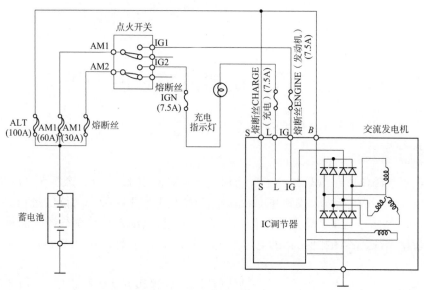

图 7-1　充电系统电路原理图

3. 故障原因分析

发电机不发电故障原因有发电机传动带断裂或严重打滑、充电系统电路断路或短路、发电机故障等。充电电流过小故障原因有发电机传动带打滑、充电系统电路松动或接触不良、发电机故障、IC 电压调节器故障等。充电电流过大通常是 IC 调节器故障引起的。

4. 故障诊断流程

充电系统故障诊断流程如图 7-2 所示,诊断排除时应遵循"先易后难、先外后内"的原则,逐一排查检修。

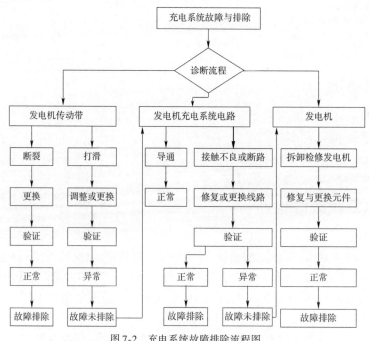

图 7-2　充电系统故障排除流程图

二、起动系统故障诊断

1. 电路原理图

起动系统电路主要由蓄电池、熔断丝、点火开关、自动变速器驻车挡/空挡位置开关(P/N开关)、手动变速器离合器踏板开关、起动继电器、起动机和发动机控制模块(ECM)等组成。

2. 故障现象

起动系统的故障现象主要有起动机不运转、起动机转动无力、起动机空转等。

3. 故障原因分析

起动机不运转故障原因有蓄电池电量低、起动系统电路断路或接触不良、起动机故障等。起动机转动无力故障原因有蓄电池电量低、起动系统电路松动或者接触不良、发电机故障和IC电压调节器故障等。起动机空转故障原因有驱动齿轮或飞轮齿圈磨损严重、起动机单向离合器打滑等。

4. 故障诊断流程

起动系统故障诊断流程如图7-2所示,诊断排除时应遵循"先易后难、先外后内"的原则,逐一排查检修。

一、实训资源

(1)实训场地:汽车维修工位1个。

(2)实训车辆:丰田轿车1辆。

(3)工具耗材与设备:零件车、工具车(含常用工具、专用工具、抹布等)、维修手册1本、万用表等检测设备及相应电气元件、导线等。

二、安全注意事项

(1)做好车辆安全防护,做好个人安全防护,避免电路短路,操作过程要规范。

(2)不能徒手触碰灯泡玻璃等发热体,更换熔断器、继电器等有插脚电气元件时,避免损坏插脚和座孔。

三、操作过程

1. 诊断与排除充电系统故障

诊断与排除充电系统故障操作方法及说明见表7-1。

诊断与排除充电系统故障操作方法及说明　　表7-1

步　骤	操作方法及说明	质量标准及记录
1. 发电机不发电原因检查	(1)检查发电机传动带张紧度; (2)检查充电系统线路的保险丝、发电机输出端子B+至蓄电池正极线束、发电机线束端子IG与搭铁是否正常;	□传动带张紧度正常 □充电系统线路正常

续上表

步骤	操作方法及说明	质量标准及记录
1. 发电机不发电原因检查	(3)关闭点火开关,断开发电机端子,测量发电机线束端子B、端子S与搭铁之间电压; (4)检修发电机,参考项目三任务3	□发电机正常
2. 充电电流过小原因检查	(1)检查发电机传动带张紧度; (2)检查充电系统线路的发电机输出端子B+至蓄电池正极线束接触是否良好; (3)关闭点火开关,断开发电机端子。测量发电机线束端子B、端子S与搭铁、发电机线束端子IG与搭铁之间电压; (4)检修发电机,参考项目三任务3	□传动带张紧度正常 □充电系统线路正常 □发电机正常
3. 充电电流过大	解体发电机,更换IC电压调节器	□IC电压调节器工作正常

2. 诊断与排除起动系统故障

诊断与排除起动系统故障操作方法及说明见表7-2。

诊断与排除充电系统故障操作方法及说明　　　表7-2

步骤	操作方法及说明	质量标准及记录
1. 起动机不运转原因检查	(1)检查蓄电池,参考项目三任务1; (2)拉紧驻车制动操作手柄、挂入P挡,短接起动机30端子与50端子,检查起动机运转情况; (3)检测起动系统控制元件、相关熔断器、空挡/驻车挡位置开关(自动变速器)、离合器踏板开关(手动变速器)、起动继电器; (4)检测蓄电池正极至起动机30端子电路、起动机50端子控制线路、搭铁等起动系统线路情况; (5)检修起动机总成,参考项目三任务2	□蓄电池桩头无腐蚀、松动,接触牢固,搭铁良好 □蓄电池性能状态良好,静态电压在12.6V以上 □起动机运转正常 □起动系统相关元件工作正常
2. 起动机运转无力	(1)检查蓄电池,参考项目三任务1; (2)拉紧驻车制动操作手柄、挂入P挡,短接起动机30端子与50端子,检查起动机运转情况; (3)检测蓄电池的搭铁、正极至起动机30端子电路线路情况; (4)检修起动机总成,参考项目三任务2	□蓄电池桩头无腐蚀、松动,接触牢固,搭铁良好 □静态电压在12.6V以上 □起动机运转正常
3. 起动机空转	(1)如起动机转速较快但无碰齿声音,检查起动机单向离合器锁止情况; (2)如有严重碰擦齿轮的声音,拆卸起动机,检查起动机驱动小齿轮和飞轮齿圈磨损情况	□单向离合器顺时针能转动,逆时针锁止 □驱动小齿轮与飞轮齿圈无明显磨损

任务评价

充电、起动系统单个故障诊断与排除考核评分记录见表7-3。

充电、起动系统单个故障诊断与排除考核评分记录表　　　　表7-3

类别	序号	项目	考核内容及要求	配分	评分标准 (各项配分扣完为止)	得分
专业知识 (20分)	1	充电系统故障现象与原因分析	正确叙述充电系统故障现象,分析故障原因	6	能回答问题,但回答不完整,按比例扣分;不能回答,不得分	
	2	起动系统故障现象与原因分析	正确叙述起动系统故障现象,分析故障原因	6	能回答问题,但回答不完整,按比例扣分;不能回答,不得分	
	3	起动系统故障诊断流程	正确叙述起动系统故障诊断流程	8	能回答问题,但回答不完整,按比例扣分;不能回答,不得分	
操作技能 (80分)	1	排除充电电流过大故障	诊断思路清晰,方法路径正确,操作规范范	20	操作错误一项,扣1分,扣完为止	
	2	排除起动机不运转故障	诊断思路清晰,方法路径正确,操作规范	20	操作错误一项,扣1分,扣完为止	
	3	排除发电机不发电故障	诊断思路清晰,方法路径正确,操作规范	20	操作错误一项,扣1分,扣完为止	
	4	选用工具、设备、材料	选用工具、设备、材料齐全准确	10	缺一件扣1分,选错一件,扣1分	
	5	清理现场(5S管理)	清理、擦洗并回收工具和设备	10	少收一件工具、设备,扣1分	
		分数总计		100	最终得分	

考核员签字:_____　　　　　　　　　　日期:_____年___月___日

任务2　照明、信号及仪表单个故障诊断与排除(三级)

▶建议学时:2学时

考核要求

一、知识要求

1.掌握照明系统故障诊断方法。
2.掌握信号系统故障诊断方法。
3.掌握仪表系统故障诊断方法。

二、技能要求

1. 能诊断排除照明系统电路故障。
2. 能诊断排除信号系统电路故障。
3. 能诊断排除仪表系统电路故障。

任务准备

照明、信号和仪表系统电路较多,本任务以前照灯及远光指示灯、倒车灯、转向信号灯和应急警告灯电路为例,介绍照明、信号及仪表单个故障诊断排除方法。

转向信号灯和应急警告灯电路主要由蓄电池、熔断器、点火开关、继电器、闪光继电器、转向信号开关、应急开关、转向信号灯、转向信号指示灯和导线等组成。

1. 故障现象

照明、灯光信号系统常见故障主要有灯光不亮、灯光亮度不够、灯光单侧不亮、灯泡经常烧坏等。仪表系统常见的故障现象有仪表背景灯不亮、仪表背景灯亮度无法调节、不显示、显示不准等。

2. 故障原因分析

照明、灯光信号系统故障常见原因有供电故障、熔断器烧断、灯泡烧坏、灯光开关损坏、线路故障等。仪表系统常见故障原因有电源供电故障、熔断器烧断、相关传感器或开关损坏、线路故障等。

3. 故障诊断流程

照明、信号及仪表系统故障诊断流程基本相同,如图 7-3 所示。诊断排除时应遵循"先易后难、先外后内"原则,逐一排查检修。

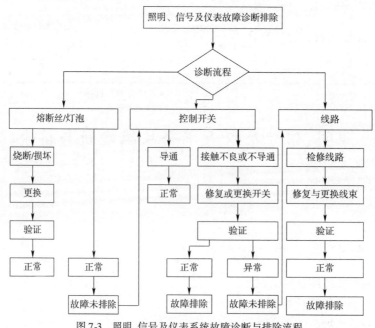

图 7-3　照明、信号及仪表系统故障诊断与排除流程

项目七　汽车电器故障诊断与排除

任务实施

一、实训资源

(1) 实训场地：汽车维修工位 1 个。
(2) 实训车辆：丰田轿车 1 辆。
(3) 工具耗材与设备：零件车、工具车(含常用工具、专用工具、抹布等)、维修手册 1 本、万用表等检测设备及相应电气元件、导线等。

二、安全注意事项

(1) 做好车辆安全防护，做好个人安全防护，避免电路短路，操作过程要规范。
(2) 不要徒手触碰灯泡玻璃等发热体，更换熔断器、继电器等有插脚电气元件时，避免损坏插脚和座孔。

三、操作过程

1. 诊断与排除照明系统故障

以前照灯为例，诊断与排除照明系统故障操作方法及说明见表 7-4。

诊断与排除前照灯故障操作方法及说明　　　　　　　　表 7-4

步　骤	操作方法及说明	质量标准及记录
1. 前照灯（近光/远光）不亮原因检查	(1) 依次检查蓄电池电压、前照灯熔断器、前照灯灯泡、灯光组合开关是否正常； (2) 检测蓄电池正极至灯光组合开关线路、灯光组合开关至搭铁线路的导通性	□蓄电池静态电压大于 12V □电器零件正常 □线路导通性好
2. 前照灯（近光/远光）亮度不够原因检查	依次检测蓄电池静态电压、发电机输出电压、前照灯线路、前照灯灯泡规格等是否正常	□蓄电池静态电压在 12V 以上 □发电机输出电压为 13.5～15.1V
3. 前照灯（近光/远光）单侧不亮原因检查	依次检测异常侧前照灯的熔断器、灯泡、蓄电池至灯泡线路导通性、灯泡至组合开关线路导通性等是否正常	□前照灯熔断器正常 □前照灯灯泡正常 □前照灯线路正常
4. 照明、信号灯泡经常烧断原因检查	(1) 检查前照灯灯泡规格是否正确； (2) 检查发电机输出电压是否过大	□前照灯灯泡规格正确 □发电机输出电压为 13.5～15.1V

2. 诊断与排除信号系统故障

以转向信号灯为例，诊断与排除信号系统故障操作方法及说明见表 7-5。

诊断排除转向信号灯故障操作方法及说明　　　　　表7-5

步骤	操作方法及说明	质量标准及记录
1.转向信号灯均不亮原因检查	依次检测蓄电池电压、转向信号灯熔断器、闪光继电器、转向信号灯开关、闪光继电器线路、转向信号灯开关至闪光继电器线路、闪光继电器至转向信号灯电路、转向信号灯灯泡是否正常	□蓄电池静态电压正常 □熔断器、继电器正常 □闪光器正常 □开关正常
2.转向信号灯亮度不够原因检查	依次检查蓄电池静态电压、发电机输出电压、转向信号灯线路、转向信号灯灯泡是否正常	□蓄电池静态和发电机输出电压正常 □线路接触良好，牢固
3.单侧或单个转向信号灯不亮原因检查	(1)若单侧转向信号灯不亮。依次检查转向信号灯开关、闪光继电器、闪光继电器至转向灯不亮一侧线路是否正常； (2)若单个转向信号灯不亮。依次检查该转向信号灯灯泡供电线路、该转向信号灯灯泡搭铁线路、转向信号灯灯泡是否正常	□转向信号开关正常，闪光继电器正常，线路正常 □转向信号灯灯泡供电线路正常，搭铁线路正常，灯泡正常
4.转向信号灯灯泡经常烧断原因检查	(1)检查转向信号灯灯泡规格是否正确； (2)检查发电机输出电压是否过大	□转向信号灯灯泡正确 □发电机输出电压正常

3.诊断与排除仪表系统故障

诊断与排除仪表系统故障操作方法及说明见表7-6。

诊断与排除仪表系统故障操作方法及说明　　　　　表7-6

步骤	操作方法及说明	质量标准及记录
1.组合仪表不显示原因检查	(1)依次检查、组合仪表熔断器、组合仪表供电线路、组合仪表搭铁线路、组合仪表通信线路是否正常； (2)以上检查正常,说明组合仪表本身故障	□组合仪表熔断器正常 □组合仪表供电、搭铁、通信线路正常 □组合仪表正常
2.组合仪表显示不准原因检查	(1)依次检查组合仪表供电电压、相关传感器和开关、组合仪表至相关传感器及开关线路、传感器至开关及搭铁线路、组合仪表通信线路是否正常； (2)以上检查正常,说明组合仪表本身故障	□组合仪表供电电压为13.5~15.1V □相关传感器和开关正常 □相关线路正常 □组合仪表正常

照明、信号及仪表系统单个故障诊断与排除考核评分记录见表7-7。

照明、信号及仪表系统单个故障诊断与排除考核评分记录表　　　表 7-7

类别	序号	项目	考核内容及要求	配分	评分标准 （各项配分扣完为止）	得分
专业知识 (20 分)	1	照明系统故障现象与原因分析	正确叙述充电系统故障现象，分析故障原因	6	能回答问题，但回答不完整，按比例扣分；不能回答，不得分	
	2	信号系统故障现象与原因分析	正确叙述起动系统故障现象，分析故障原因	8	能回答问题，但回答不完整，按比例扣分；不能回答，不得分	
	3	照明、信号及仪表系统故障诊断	正确叙述照明、信号及仪表系统故障诊断流程	6	能回答问题，但回答不完整，按比例扣分；不能回答，不得分	
操作技能 (80 分)	1	前照灯（近光/远光）不亮	诊断思路清晰，方法路径正确，操作过程规范	20	操作错误一项，扣 1 分，扣完为止	
	2	转向信号灯均不亮	诊断思路清晰，方法路径正确，操作过程规范	20	操作错误一项，扣 1 分，扣完为止	
	3	组合仪表不显示	诊断思路清晰，方法路径正确，操作过程规范	20	操作错误一项，扣 1 分，扣完为止	
	4	正确使用工具、设备、材料	工具、设备使用正确	10	一种工具、设备、材料使用不正确，扣 2 分	
					损坏、丢失一件工具，不得分	
	5	清理现场(5S 管理)	清理、整理并回收工具和设备	10	少收一件工具、设备，扣 1 分	
		分数总计		100	最终得分	

考核员签字：_____　　　　　　　　　　　　日期：_____年___月___日

任务 3　辅助电器系统单个故障诊断与排除（三级）

▶ 建议学时：2 学时

考核要求

一、知识要求

1. 掌握刮水器系统故障诊断方法。

2. 掌握电动车窗系统故障诊断方法。

3. 掌握电动后视镜系统故障诊断方法。

4. 掌握电动座椅系统故障诊断方法。

5. 掌握中控门锁系统故障诊断方法。

二、技能要求

1. 能诊断排除刮水器系统故障。

2. 能诊断排除电动车窗系统故障。

3. 能诊断排除电动后视镜系统故障。

4. 能诊断排除电动座椅系统故障。

5. 能诊断排除中控门锁系统故障。

任务准备

一、刮水器系统故障诊断与排除

1. 刮水器电路组成

前刮水器和清洗器电路主要由电源、熔断器、点火开关、刮水器开关(含前刮水器开关和前清洗器开关)、刮水器电机、前清洗器喷水电机和导线等组成。

2. 故障现象

刮水器系统故障现象有高速、低速、点动、间歇等挡位不运行,刮水器不能自动回位,不能喷水等。

3. 故障原因分析

刮水器系统故障原因主要有电源故障、控制开关损坏、相关线路故障、负载电机损坏等。

二、电动车窗系统故障诊断与排除

1. 电动车窗电路组成

电动车窗系统电路主要由电源、熔断器、点火开关、继电器、电动车窗开关、电动车窗电机和导线等组成。

2. 故障现象

电动车窗系统故障现象有驾驶员侧车窗玻璃不能上升、下降,各乘员车窗玻璃不能上升、下降等。

3. 故障原因分析

电动车窗系统故障原因主要有电源故障、控制开关损坏、相关线路故障、负载电机损坏等。

三、电动后视镜系统故障诊断

1. 电动后视镜电路组成

电动后视镜系统电路主要由电源、熔断器、点火开关、电动后视镜开关、电动后视镜电机等组成。

2. 故障现象

电动后视镜系统故障现象有左侧后视镜(L)不能上移、下移或不能左移、右移,右侧后视镜(R)不能上移、下移或不能左移、右移。带有收卷功能的后视镜,还有可能出现无法收卷等故障。

3. 故障原因分析

电动后视镜系统故障原因主要有电源故障、控制开关损坏、相关线路故障、负载电机损坏等。

四、电动座椅系统故障诊断

1. 电动座椅电路组成

电动座椅系统电路主要由电源、熔断器、电动座椅开关、电动座椅位置电机和线路等组成。

2. 故障现象

电动座椅系统故障现象有座椅不能向前、后移动或不能向前和后移动,座椅不能上升、下降或不能上升和下降,座椅不能向前倾、后倾或不能向前倾和后倾等。

3. 故障原因分析

电动座椅系统故障原因主要有电源故障、控制开关损坏、相关线路故障、负载电机损坏等。

五、中控门锁系统故障诊断与排除

1. 中控门锁系统电路组成

空门锁系统电路主要由电源、熔断器、点火开关、集成继电器、控制开关、门锁电机、报警装置和线路等组成,具体见对应车型的维修手册。

2. 故障现象

中控门锁系统故障现象有钥匙或门锁控制开关开锁、锁止时,门锁(单个或多个)无法开锁、锁止等。

3. 故障原因分析

中控门锁系统故障原因主要有电源故障、集成继电器故障、控制开关损坏、相关线路故障、负载电机损坏、防盗系统故障等。

六、辅助电器系统故障诊断流程

辅助电器系统故障诊断流程基本相同,如图 7-4 所示。诊断排除时应遵循"先易后难、先外后内"原则,逐一排查检修。

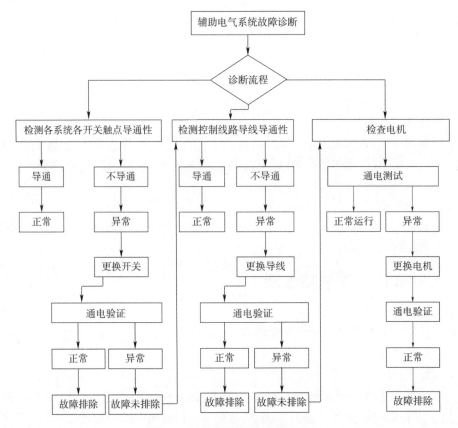

图 7-4 辅助电器系统故障诊断流程

任务实施

一、实训资源

(1)实训场地:汽车维修工位1个。
(2)实训车辆:丰田轿车1辆。
(3)工具耗材与设备:零件车、工具车(含常用工具、专用工具、抹布等)、维修手册1本、万用表等检测设备及相应电气元件、导线等。

二、安全注意事项

(1)做好车辆安全防护,做好个人安全防护,避免电路短路,操作过程要规范。
(2)不要徒手触碰灯泡玻璃等发热体,更换熔断器、继电器等有插脚电气元件时,避免损坏插脚和座孔。

三、操作过程

1.诊断与排除刮水器系统故障

诊断与排除刮水器系统故障操作方法及说明见表7-8。

诊断与排除刮水器系统故障操作方法及说明   表7-8

步　骤	操作方法及说明	质量标准及记录
1.刮水器高速挡不运行原因检查	依次检测刮水器组合开关高速挡(HI)触点的导通性、刮水器高速挡相关线路、用蓄电池为刮水器电机高速挡直接供电检查电机高速挡运行情况是否正常	□刮水器组合开关高速挡触点导通 □刮水器高速挡相关线路正常
2.刮水器低速挡不运行原因检查	(1)依次检测刮水器组合开关低速挡(LO)触点导通性、刮水器低速挡相关线路是否正常； (2)利用蓄电池为刮水器电机低速挡直接供电，检查电机低速挡运行情况	□刮水器组合开关低速挡触点导通 □相关线路正常 □直接供电刮水器低速挡运行
3.刮水器点动挡不运行原因检查	(1)检测刮水器点动挡(MIST)触点导通性、刮水器点动挡相关线路是否正常； (2)利用蓄电池为刮水器电机点动挡直接供电，检查电机点动挡运行情况	□开关点动挡触点导通 □相关线路正常 □直接供电时刮水器点动挡运行
4.刮水器不能自动回位原因检查	(1)检测刮水器关闭挡(OFF)触点导通性； (2)检测刮水器关闭挡相关线路； (3)利用蓄电池为刮水器电机低速挡直接供电，检查电机低速挡运行情况	□组合开关关闭挡触点导通 □关闭挡相关线路正常 □电机低速挡运行正常
5.刮水器间歇挡不运行原因检查	(1)检查刮水器低速挡运行情况； (2)检查刮水器自动回位情况； (3)检测刮水器间歇挡(INT)触点的导通性； (4)通电检查间歇挡(INT)运行情况	□刮水器低速挡正常运行 □刮水器自动回位正常 □刮水器间歇挡触点导通 □刮水器间歇挡运行正常
6.喷水器不能喷水原因检查	(1)检测喷水挡触点导通性及相关线路； (2)利用蓄电池为喷水电机直接供电，检查电机运行情况	□喷水挡触点导通 □喷水挡相关线路正常 □喷水电机正常运行

2.诊断与排除电动车窗系统故障

诊断与排除电动车窗系统故障操作方法及说明见表7-9。

诊断与排除电动车窗系统故障操作方法及说明 表7-9

步骤	操作方法及说明	质量标准及记录
1.驾驶员侧车窗玻璃不能上升、不能下降原因检查	(1)检测电动车窗主控开关上升(UP)触点和下降(DOWN)触点导通性、相关线路； (2)用蓄电池为驾驶员侧车窗电机直接供电，检查电机正反转运行情况	□车窗主控开关触点导通 □驾驶员侧车窗电机升降相关线路正常 □驾驶员侧车窗电机正反转正常
2.各乘员车窗玻璃不能上升、不能下降原因检查	(1)检测电动车窗主控开关上升(UP)触点和下降(DOWN)触点导通性、电动车窗分控开关关闭(OFF)触点和上升(UP)触点和下降(DOWN)触点导通性、车窗电机升降相关线路； (2)利用蓄电池为各乘员车窗电机直接供电，检查电机正反转运行情况	□电动车窗主控开关上升触点和下降触点均导通 □各电动车窗分控开关触点均导通 □各车窗电机升降相关线路正常 □各车窗电机正反转运行正常

3.诊断与排除电动后视镜系统故障

诊断与排除电动后视镜系统故障操作方法及说明见表7-10。

诊断与排除电动后视镜系统故障操作方法及说明 表7-10

步骤	操作方法及说明	质量标准及记录
1.左侧后视镜(L)不能上升、不能下降、不能左移、不能右移原因检查	(1)检测电动后视镜开关上升触点、下降触点、左移触点和右移触点导通性、左侧电动后视镜相关线路； (2)用蓄电池为左侧后视镜电机端子直接供电，检查电机正反转(上、下、左、右)运行情况	□电动后视镜开关相关触点均应导通 □左侧电动后视镜相关线路正常 □左侧后视镜电机正反转(上、下、左、右)运行正常
2.右侧后视镜(R)不能上升、不能下降、不能左移、不能右移原因检查	(1)检测电动后视镜开关上升触点、下降触点、左移触点和右移触点的导通性； (2)检测右侧电动后视镜相关线路； (3)利用蓄电池为右侧后视镜电机直接供电，检查电机正反转(上、下、左、右)运行情况	□后视镜开关相关触点导通 □右侧电动后视镜相关线路正常 □右侧后视镜电机正反转运行正常

4.诊断与排除电动座椅系统故障

诊断与排除电动座椅系统故障操作方法及说明见表7-11。

诊断与排除电动座椅故障操作方法及说明　　　　　　　　　　　　表 7-11

步　骤	操作方法及说明	质量标准及记录
1. 座椅滑动时，不能向前移动、不能向后移动原因检查	(1) 检测电动座椅前后滑动开关按下(前)触点、按下(后)触点和关闭(OFF)状态导通性； (2) 检测电动座椅前后滑动调节相关线路； (3) 利用蓄电池为座椅前后滑动调节电机直接供电，检查电机正反转(向前、向后)运行情况	□电动座椅开关相关触点导通 □电动座椅关线路正常 □座椅前后滑动调节电机正反转运行正常
2. 座椅升降时，不能上升、不能下降原因检查	(1) 检测电动座椅升降开关按下(上)触点、按下(下)触点和关闭(OFF)状态的导通性； (2) 检测电动座椅升降调节相关线路； (3) 利用蓄电池为座椅升降调节电机直接供电，检查电机正反转(上升、下降)运行情况	□电动座椅触点导通 □电动座椅相关线路正常 □座椅升降调节电机运行正常
3. 座椅背倾角位置调整时，不能向前倾、不能向后倾原因检查	(1) 检测电动座椅靠背倾角调节开关按下(前)触点、按下(后)触点和关闭(OFF)状态触点导通性、靠背倾角调节相关线路； (2) 利用蓄电池为座椅靠背倾角调节电机直接供电，检查电机正反转(向前、向后)运行情况	□电动座椅靠背倾角调节开关相关触点导通 □电动座椅靠背倾角调节相关线路正常 □调节电机运行正常

5. 诊断排除中控门锁系统故障

诊断排除中控门锁系统故障操作方法及说明见表 7-12。

诊断排除中控门锁故障操作方法及说明　　　　　　　　　　　　表 7-12

步　骤	操作方法及说明	质量标准及记录
1. 门锁控制开关开锁、锁止时，门锁(单个或多个)无法开锁、锁止原因检查	(1) 检测门锁控制开关开锁(UNLOCK)触点和锁止(LOCK)触点导通性、门锁控制开关相关线路； (2) 用蓄电池分别为驾驶员门锁电机和各乘员门锁电机直接供电，检查电机正反转(开锁、锁止)运行情况	□门锁控制开关开锁触点和锁止触点导通 □门锁控制开关相关线路正常 □驾驶员侧门锁电机和各乘员门锁电机正反转运行正常
2. 钥匙控制开关开锁、锁止时，门锁(单个或多个)无法开锁、锁止原因检查	(1) 检测门锁钥匙控制开关开锁(UNLOCK)触点和锁止(LOCK)触点导通性、门锁钥匙控制开关相关电路； (2) 利用蓄电池分别为驾驶员侧门锁电机和各乘员门锁电机直接供电，检查电机正反转(开锁、锁止)运行情况	□门锁钥匙控制开关开锁触点和锁止触点导通 □门锁钥匙控制开关相关线路正常 □门锁电机和各乘员门锁电机正反转运行正常

任务评价

辅助电器系统单个故障诊断排除考核评分记录见表7-13。

辅助电器系统单个故障诊断排除考核评分记录表　　　　表7-13

类别	序号	项目	考核内容及要求	配分	评分标准（各项配分扣完为止）	得分
专业知识(20分)	1	刮水器系统故障现象与原因分析	正确叙述刮水器系统故障现象，分析故障原因	6	能回答问题，但回答不完整，按比例扣分；不能回答，不得分	
	2	电动后视镜系统故障现象与原因分析	正确叙述电动后视镜系统故障现象，分析故障原因	8	能回答问题，但回答不完整，按比例扣分；不能回答，不得分	
	3	辅助电器系统故障诊断流程	正确叙述辅助电器系统故障诊断流程	6	能回答问题，但回答不完整，按比例扣分；不能回答，不得分	
操作技能(80分)	1	诊断排除刮水器系统故障	正确描述刮水器系统故障现象，诊断思路清晰，方法正确	20	故障现象描述不准确，思路不清晰，方法错误，酌情扣分	
	2	诊断排除电动车窗系统故障	正确描述电动车窗系统故障现象，诊断思路清晰，方法正确	20	故障现象描述不准确，思路不清晰，方法错误，酌情扣分	
	3	诊断排除电动座椅系统故障	正确描述电动座椅系统故障现象，诊断思路清晰，方法正确	20	故障现象描述不准确，思路不清晰，方法错误，酌情扣分	
	4	正确使用工具、设备、材料	工具、设备使用正确	5	一种工具、设备、材料使用不正确，扣2分	
					损坏、丢失一件工具，不得分	
	5	操作规程	操作规程执行情况	10	违反操作规程，不得分	
	6	清理现场(5S管理)	清理、整理并回收工具和设备	5	少收一件工具、设备，扣1分	
分数总计				100	最终得分	

考核员签字：＿＿＿＿＿＿＿＿＿　　　　　　　　　　日期：＿＿＿＿年＿＿月＿＿日

任务4　空调系统单个故障诊断与排除(三级)

▶ 建议学时:2学时

考核要求

一、知识要求

1. 掌握汽车空调制冷系统故障诊断方法。
2. 掌握手动空调系统电路故障诊断方法。
3. 掌握自动空调系统电路故障诊断方法。
4. 掌握空调取暖和通风系统故障诊断方法。

二、技能要求

1. 能诊断排除空调制冷系统故障。
2. 能诊断排除手动空调系统电路故障。
3. 能诊断排除自动空调系统电路故障。
4. 能诊断排除空调取暖和通风系统故障。

任务准备

一、汽车空调制冷系统故障诊断

1. 故障现象

制冷系统故障现象有不制冷、制冷不足、间歇性制冷和异响等。

2. 故障原因分析

不制冷的原因有传动带过松或断裂、制冷剂不足、鼓风机故障、压缩机故障、膨胀阀故障、储液干燥过滤器故障等。制冷不足的原因有制冷剂不足、传动带过松、送风量不足、压缩机故障、冷凝器故障、膨胀阀故障、储液干燥过滤器故障、蒸发器故障等。间歇性制冷的原因有制冷剂中有水分、鼓风机故障、压缩机故障、膨胀阀故障等。制冷系统异响的来源可能是传动带、压缩机、鼓风机、膨胀阀等。

3. 故障诊断流程

汽车空调制冷系统故障诊断流程如图7-5所示,诊断排除时应遵循"先易后难、先外后内"的原则,逐一排查检修。

二、手动空调系统电路故障诊断

1. 电路原理图

手动空调电磁离合器电路主要由电源、温度控制开关、制冷剂压力开关、继电器、电磁离合器线圈、工作指示灯等组成,如图7-6所示。

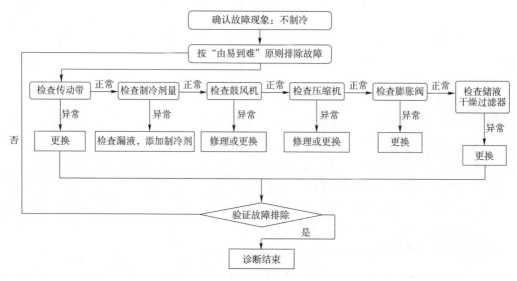

图 7-5　不制冷故障诊断流程

手动空调冷凝器风扇通常与发动机冷却风扇共用,其电路主要由电源、继电器、温度控制开关、制冷剂压力开关、冷凝风扇电动机等组成,如图 7-7 所示。

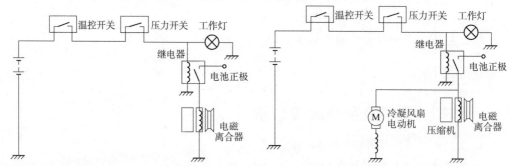

图 7-6　电磁离合器电路原理图　　　　图 7-7　手动空调冷凝器风扇电路原理图

手动空调鼓风机电路主要由电源、继电器、调速开关、调速电阻、鼓风机电机和线路等组成,如图 7-8 所示。

2. 故障现象

手动空调电路故障现象有电磁离合器不吸合、鼓风机不转、冷凝器风扇不转等。

3. 故障原因分析

手动空调电路故障包括电磁离合器电路故障、冷凝器风扇电路故障、鼓风机线路故障等,故障原因有开关故障、线路短路、断路、接触不良和元件损坏等。

4. 故障诊断流程

手动空调系统电路故障诊断流程如图 7-8 所示,诊断排除时应遵循"先易后难、先外后内"的原则,逐一排查检修。

三、自动空调系统电路故障诊断

1. 系统原理图

自动空调系统主要各传感器和开关输入、空调控制 ECU 和各执行器等组成。

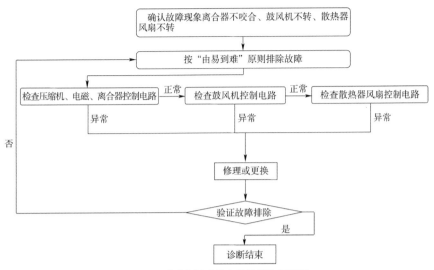

图 7-8 手动空调系统电路故障诊断流程

2. 故障现象

自动空调系统电路故障现象有制冷系统不工作或工作异常、通风系统不工作或工作异常、暖风系统不工作或工作异常等,此时通常在故障诊断仪中储存有相关的故障代码。

3. 故障原因分析

自动空调系统电路故障包括空调控制模块电源电路故障、开关故障、传感器电路故障、执行器电路故障、网络通信故障等,故障原因有线路短路、断路、接触不良和元件损坏等。

4. 故障诊断流程

自动空调系统电路故障诊断流程如图 7-9 所示,诊断排除时应遵循"先易后难、先外后内"的原则,逐一排查检修。

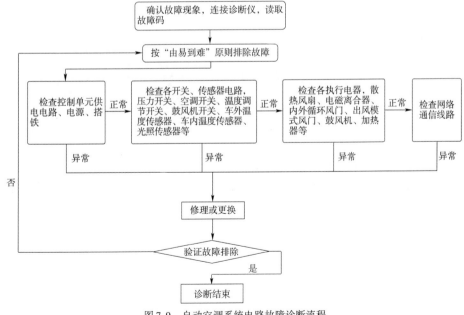

图 7-9 自动空调系统电路故障诊断流程

四、空调取暖和通风系统故障诊断

1. 故障现象

空调取暖和通风系统故障现象有不供暖、暖气不足、过热、出风量不足等。

2. 故障原因分析

空调取暖和通风系统故障原因有冷却液不足、冷却水管漏水、空调滤清器堵塞、鼓风机不转、加热器芯堵塞、暖风水阀失效、风门故障等。

3. 故障诊断流程

空调取暖和通风系统故障诊断流程如图 7-10 所示，诊断排除时应遵循"先易后难、先外后内"的原则，逐一排查检修。

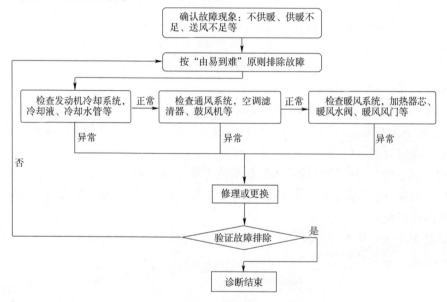

图 7-10　取暖和通风系统故障诊断流程

一、实训资源

（1）实训场地：汽车维修工位 1 个。

（2）实训车辆：丰田轿车 1 辆。

（3）工具耗材与设备：零件车、工具车(含常用工具、专用工具、抹布等)、维修手册 1 本、万用表等检测设备及相应电气元件、导线等。

二、安全注意事项

（1）做好车辆安全防护，做好个人安全防护，避免电路短路，操作过程要规范。

（2）不要徒手触碰灯泡玻璃等发热体，更换熔断器、继电器等有插脚电气元件时，避免损坏插脚和座孔。

三、操作过程

1. 诊断排除空调制冷系统故障

诊断排除空调制冷系统故障操作方法及说明见表 7-14。

诊断排除空调制冷系统故障操作方法及说明　　　　表 7-14

步　　骤	操作方法及说明	质量标准及记录
1. 不制冷原因检查	依次检查传动带松紧度、制冷剂量、鼓风机及控制电路、压缩机及控制电路、膨胀阀、储液干燥过滤器的工作是否正常	□传动带张紧力正常 □制冷剂量充足 □鼓风机工作正常 □压缩机工作正常 □膨胀阀工作正常 □储液干燥过滤器正常
2. 制冷不足原因检查	依次检查传动带松紧度、制冷剂填充量、鼓风机及控制电路、冷凝器和风扇工作、压缩机及控制电路、膨胀阀、储液干燥过滤器等工作是否正常	□传动带张紧力正常 □制冷剂量充足 □鼓风机工作正常 □冷凝器风扇工作正常 □压缩机、膨胀阀正常 □储液干燥过滤器正常
3. 间歇性制冷原因检查	(1) 检查压缩机电磁离合器工作情况； (2) 检查压力开关工作情况； (3) 检查制冷剂纯度	□线圈电阻值正常，结合面无磨损变形 □压力开关工作正常 □制冷剂中无水分
4. 制冷系统异响原因检查	检查传动带、冷凝器风扇、鼓风机、压缩机、膨胀阀等运行是否正常；	□传动带无异响 □冷凝器风扇无异响 □鼓风机工作无异响 □压缩机工作无异响 □膨胀阀工作无异响

2. 诊断与排除手动空调系统电路故障

诊断与排除手动空调系统电路故障操作方法及说明见表 7-15。

诊断与排除手动空调系统电路故障操作方法及说明   表 7-15

步　骤	操作方法及说明	质量标准及记录
1. 电磁离合器不吸合原因检查	(1)断开电磁离合器线束插头,检查搭铁电路; (2)检查电源电路、电磁离合器继电器和控制电路是否正常 (3)检查测试电磁离合器	□线路接触良好 □电源电压大于12V □继电器控制电路正常 □线圈电阻正常
2. 鼓风机不转原因检查	(1)断开鼓风机插头,检查搭铁电路; (2)检查电源电路、鼓风机控制模块和控制电路; (3)检查测试鼓风机	□搭铁电路良好 □电源电压高压大于12V □鼓风机控制模块电路正常 □线圈电阻正常
3. 冷凝器风扇不转原因检查	(1)断开冷凝器风扇线束插头,检查搭铁电路; (2)检查电源电路、冷凝器风扇继电器和控制电路测及测试冷凝器风扇是否正常	□搭铁良好 □电源电路电压大于12V □继电器控制电路正常 □散热风扇电机线圈电阻正常,电路正常

3. 诊断与排除自动空调系统电路故障

诊断与排除自动空调系统电路故障操作方法及说明见表 7-16。

诊断与排除自动空调系统电路故障操作方法及说明   表 7-16

步　骤	操作方法及说明	质量标准及记录
制冷系统不工作或工作异常、通风系统不工作或工作异常、暖风系统不工作或工作异常原因检查	(1)连接故障诊断仪,读取自动空调相关故障代码; (2)检查自动空调控制模块供电电路的搭铁电路和电源电路; (3)检查自动空调传感器和开关电路和元件。依次检查车内温度传感器及电路、环境温度传感器及电路、蒸发器温度传感器及电路、日光传感器及电路、水温传感器及电路、制冷剂压力传感器及电路、压缩机锁止传感器及电路、风门位置传感器及电路、空调控制开关及电路是否正常; (4)检查执行器电路和元件。依次检查电磁离合器线圈及控制电路、鼓风机电机及控制电路、加热器及控制电路、进气风门控制伺服电机、混合风门控制伺服电机、送风模式控制伺服电机及控制电路是否正常	□正确使用故障诊断仪,读取故障代码 □搭铁良好 □电源电路电压大于12V □各传感器电路正常 □各传感器功能正常 □控制开关电路正常 □控制开关功能正常 □各执行器电路正常 □各执行器功能正常

4. 诊断与排除取暖和通风系统故障

诊断与排除取暖和通风系统故障操作方法及说明见表7-17。

诊断与排除取暖和通风系统故障操作方法及说明　　　　表7-17

步骤	操作方法及说明	质量标准及记录
1. 取暖系统不供暖、暖气不足、过热原因检查	检查冷却液及管路。依次检查节温器、加热器芯、暖风控制水阀是否正常	□冷却液足量,管路无泄漏 □节温器工作正常 □加热器芯无破损、堵塞 □暖风控制水阀工作正常
2. 通风系统出风量不足	核实检查空调滤清器、鼓风机及控制电路、风门位置、空气分配管路是否正常	□空调滤清器无堵塞 □鼓风机运行正常 □风门开关正常 □空气分配管路无破损和堵塞

任务评价

空调系统单个故障诊断与排除考核评分记录见表7-18。

空调系统单个故障诊断与排除考核评分记录表　　　　表7-18

类别	序号	项目	考核内容及要求	配分	评分标准（各项配分扣完为止）	得分
专业知识 (20分)	1	空调制冷系统故障现象、原因分析与诊断流程	正确叙述空调制冷系统故障现象,分析故障原因,叙述诊断流程	6	能回答问题,但回答不完整,按比例扣分;不能回答,不得分	
	2	手动空调系统电路故障现象、原因分析与诊断流程	正确叙述手动空调系统电路故障现象,分析故障原因,叙述诊断流程	6	能回答问题,但回答不完整,按比例扣分;不能回答,不得分	
	3	空调取暖和通风系统故障现象、原因分析与诊断流程	正确叙述空调取暖和通风系统故障现象,分析故障原因,叙述诊断流程	8	能回答问题,但回答不完整,按比例扣分;不能回答,不得分	
操作技能 (80分)	1	诊断排除空调制冷系统故障	正确描述空调制冷系统故障现象,诊断思路清晰,方法正确	20	故障现象描述不准确,思路不清晰,方法错误,酌情扣分;未完成,不得分	
	2	诊断排除手动空调系统电路故障	正确描述手动空调系统电路故障现象,诊断思路清晰,方法正确	20	故障现象描述不准确,思路不清晰,方法错误,酌情扣分;未完成,不得分	

续上表

类别	序号	项目	考核内容及要求	配分	评分标准 (各项配分扣完为止)	得分
操作技能 (80分)	3	诊断排除自动空调系统电路故障	正确描述自动空调系统电路故障现象,诊断思路清晰,方法正确	20	故障现象描述不准确,思路不清晰,方法错误,酌情扣5分;未完成,不得分	
	4	正确使用工具、设备、材料	工具、设备使用正确	5	一种工具、设备、材料使用不正确,扣2分	
					损坏、丢失一件工具,不得分	
	5	操作规程	操作规程执行情况	10	违反操作规程,不得分	
	6	清理现场(5S管理)	清理、整理并回收工具和设备	5	少收一件工具、设备,扣1分	
		分数总计		100	最终得分	

考核员签字:_____ 日期:_____年___月___日

任务5 电力驱动和动力蓄电池系统维护(三级)

▶ 建议学时:2学时

考核要求

一、知识要求

1. 掌握高压电安全防护相关知识及作业专用工具选用与使用方法。
2. 掌握高压维修开关相关知识与安全操作要求。
3. 掌握动力蓄电池结构及清洁方法。
4. 掌握动力蓄电池连接线检查方法及技术要求。

二、技能要求

1. 能使用高压维修开关。
2. 能清洁动力蓄电池。
3. 能检查动力蓄电池连线状况。

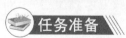
任务准备

一、电力驱动和动力蓄电池系统维护基础知识

1. 电动汽车知识

电动汽车是以车载电源为动力的车辆,可分为纯电动汽车、混合动力电动汽车和燃料电

池电动汽车三大类。

纯电动汽车是指驱动能量完全由电能提供的,由电机驱动的汽车。纯电动汽车电力驱动系统主要由车载电源模块、电力驱动模块和辅助模块等组成。电源模块主要包括动力蓄电池、蓄电池管理系统及车载充电机等。电力驱动模块由电子控制器、驱动电机控制器、驱动电机、机械传动装置和车轮等部分构成。辅助模块由辅助动力源和辅助设备组成。辅助动力源一般为12V或24V的直流低压电源。辅助设备包括车载信息显示系统、动力转向系统、导航系统、空调、照明及除雾装置、刮水器和收音机等。

混合动力电动汽车是指能够至少从可消耗的燃料、可再充电能/能量储存装置中获得动力的汽车。根据动力系统结构形式,可分为串联、并联和混联三种形式。根据是否能外接充电电源,可分为插电式和非插电式两种。

2. 高压安全知识

电动汽车上存在高压电系统,维修和操作电动汽车时一定要遵循高压电标准操作规范和流程,否则将导致人身伤害。

通常将高于60V的直流电压或高于25V的交流电压称为高压电。高压电防护的原则一是要识别高压部件,二是要避免接触到高压电。在电动汽车上,通过高压警示标识和线束颜色来识别高压电部件,高压线束和插头的颜色均为橙色。当高压系统出现故障时,通过仪表和声音报警进行提示。高压系统正常工作时,通过绝缘、防触摸保护等措施防止接触到高压电。高压系统不工作时,通过主动和被动放电、维修开关等措施防止接触到高压电。

发生高压触电事故时,应第一时间切断电源,拨打120急救电话,正确进行伤员救治。

3. 动力蓄电池知识

目前纯电动汽车和插电式电动汽车多采用锂离子蓄电池,单体锂离子蓄电池的端电压通常在2.5~4.2V之间,不能满足电动汽车实际需求。通过单体蓄电池串联、并联组成锂离子动力蓄电池组,最后通过一对正负极端子输出,作为蓄电池包或蓄电池系统的一部分安装在电动汽车上。丰田卡罗拉混合动力汽车采用镍氢蓄电池组,安装在车辆行李舱内侧,如图7-11所示。

图7-11　丰田卡罗拉混动轿车动力蓄电池的安装位置

二、高压电维修工量具知识

1. 高压安全个人防护用品

高压安全个人防护用品包括绝缘手套、绝缘防护服、安全帽、防护眼镜、绝缘鞋和绝缘垫等,常用高压安全个人防护用品及其功能,见表7-19。

常用高压安全个人防护用品及其功能　　　　表7-19

名　　称	功　　能
绝缘手套	电工绝缘手套,能承受DC1000V以上工作电压,抗酸碱
绝缘防护服	防10000V以下电压,阻燃、耐热、耐压、耐老
防护眼镜	防止电解液飞溅、电火花对眼镜造成损伤,具有侧面防护功能
安全帽	保护头部,防止头部受伤
绝缘鞋	使人体与大地间绝缘,防止电流通过人体与大地间形成回路
绝缘垫	防止电流通过人体与大地间形成回路

2. 高压电维修专用工具

高压电维修专用工具包括绝缘维修工具、兆欧表等,如图7-12所示。

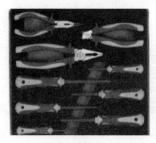　

a) 绝缘维修工具　　　　b) 数字兆欧表

图7-12　高压电维修专用工具

一、实训资源

(1) 实训场地:汽车维修工位1个。
(2) 实训车辆:丰田轿车1辆。
(3) 工具耗材与设备:零件车、工具车(含常用工具、专用工具、抹布等)、维修手册1本、万用表等检测设备及相应电气元件、导线等。

二、安全注意事项

(1) 做好车辆安全防护,做好个人安全防护,避免电路短路,操作过程要规范。
(2) 不要徒手触碰灯泡玻璃等发热体,更换熔断器、继电器等有插脚电气元件时,避免损坏插脚和座孔。

三、操作过程

电力驱动和动力蓄电池系统维护作业操作方法及说明见表7-20。

项目七　汽车电器故障诊断与排除

电力驱动和动力蓄电池系统维护作业操作方法衣说明　　　　表 7-20

步　骤	操作方法及说明	质量标准及记录
1. 工作准备	(1) 安装车轮挡块,铺设车内外防护套件; (2) 人员防护用品:检查护目镜、绝缘手套及安全帽等是否完好,取下身上所有金属饰物; (3) 工作场地:设置安全警戒线,放置安全锥,设置"高压危险"警示牌,检查灭火器	□ 车辆水平停稳,防护正确 □ 个人防护用品完好,穿戴正确 □ 工作场所安全
2. 中止高压电 (高压中止)	(1) 关闭点火开关,取下钥匙; (2) 断开 12V 蓄电池负极电缆; (3) 拆卸动力蓄电池维修开关,上锁保管; (4) 用绝缘胶布封住维修开关槽,并放置高压安全警示牌; (5) 等待 5min 以上,拔下蓄电池组放电正、负极电缆(母线)	□ 点火开关关闭 □ 正确拆卸 12V 蓄电池负极电缆并固定 □ 正确拆卸维修开关并上锁 □ 安全防护和警示正确 □ 正确拆卸母线
3. 检验高压电 (高压验电)	(1) 佩戴安全防护用品,使用单手测量操作; (2) 设置数字万用表的功能及挡位; (3) 测量动力蓄电池高压输出端,正负端之间电压及各端子对地电压; (4) 测量高压线缆,正负端之间电压及各端子对地电压	□ 个人防护正确 □ 正确使用万用表 □ 低于 3V □ 等于 0V
4. 恢复高压电	(1) 连接蓄电池组放电正、负极电缆(母线); (2) 拆下维修开关处的胶布,安装维修开关; (3) 安装 12V 蓄电池负极	□ 电缆连接到位 □ 维修开关安装正确 □ 蓄电池负极安装正确,紧固

续上表

步骤	操作方法及说明	质量标准及记录
4. 恢复高压电	(4)打开点火开关,确认高压系统正常	□仪表显示"READY"
5. 检查动力蓄电池连接线	(1)检查动力蓄电池连接线外观; (2)检查动力蓄电池连接线插接器外观、连接情况	□连接线外观正常 □插接器外观正常,连接牢固
6. 清洁动力蓄电池	(1)用压缩空气清洁蓄电池壳体上的水分、油污、灰尘和其他杂质; (2)用压缩空气清洁蓄电池极接线端子上的灰尘和其他杂质	□正确使用压缩空气 □动力蓄电池壳体、极柱子接线端子清洁干净
7. 完工整理	车辆、工具、设备、场地整理和复位	□按5S要求整理

任务评价

电力驱动和动力蓄电池系统维护考核评分记录见表7-21。

电力驱动和动力蓄电池系统维护考核评分记录表   表7-21

类别	序号	项目	考核内容及要求	配分	评分标准 (各项配分扣完为止)	得分
专业知识 (20分)	1	电动汽车知识	正确叙述电动汽车的类型和特点	5	能回答问题,但回答不完整,按比例扣分;不能回答,不得分	

续上表

类别	序号	项目	考核内容及要求	配分	评分标准（各项配分扣完为止）	得分
专业知识(20分)	1	电动汽车知识	正确叙述纯电动汽车的基本组成	5	能回答问题，但回答不完整，按比例扣分；不能回答，不得分	
	2	高压安全知识	正确叙述高压防护的一般原则	5	能回答问题，但回答不完整，按比例扣分；不能回答，不得分	
			正确叙述常见高压电安全个人防护用品的功能	5	能回答问题，但回答不完整，按比例扣分；不能回答，不得分	
操作技能(80分)	1	中止高压电	正确进行高压电中止操作	20	方法错误扣10分；未完成，不得分	
	2	检验高压电	正确进行高压验电操作并复位	20	方法错误扣10分；未完成，不得分	
	3	检查动力蓄电池连接线	检查动力蓄电池连接线	20	方法错误扣10分；未完成，不得分	
	4	正确使用工具、设备、材料	工具、设备使用正确	5	一种工具、设备、材料使用不正确，扣2分	
					损坏、丢失一件工具，不得分	
	5	操作规程	操作规程执行情况	10	违反操作规程，不得分	
	6	清理现场(5S管理)	清理、整理并回收工具和设备	5	少收一件工具、设备，扣1分	
分数总计				100	最终得分	

考核员签字：_____　　　　　　　　　日期：_____年___月___日

模 拟 试 题

汽车机械维修工技能等级认定四级
理论知识试卷(样卷)

注 意 事 项

1. 考试时间:90分钟。
2. 请首先按要求在试卷的标封处填写您的姓名、准考证号和所在单位的名称。
3. 请仔细阅读各种题目的回答要求,在规定的位置填写您的答案。
4. 不要在试卷上乱写乱画,不要在标封区填写无关的内容。

题 号	一	二	总 分
得 分			

得 分	
评分人	

一、判断题(第1~20题。请将判断结果填入括号中,正确的填"√",错误的填"×"。每题1分,共20分)

(　　)1. 汽车维修工作中,应严格执行工艺文件,树立质量意识。

(　　)2. 爱岗和敬业互为前提,相互支持,相辅相成。

(　　)3. 正确选用维修工具,使用完毕后,进行清洁复位。

(　　)4. 不同品牌的机油,标号相同时可以相互混合使用。

(　　)5. 接触不良时电路中电阻增大,电流减小,电路不能正常工作。

(　　)6. R-W表示主线束颜色是白色,辅色为红色。

(　　)7. 油泵是将机械能转化为液压能的部件。

(　　)8. 汽车一般由发动机、底盘、电器设备和车身四大部分组成。

(　　)9. 汽车日常维护的周期为出车前、行车中和收车后。

(　　)10. 只要旧的传动带外观完好,就可以继续使用。

(　　)11. 机油液面高度可以超过机油标尺上的最高刻度,但不能低于最低刻度。

(　　)12. 安装正时传动带后,旋转曲轴2圈确认正时标记对准。

(　　)13. 发电机输出端子B+与蓄电池正极相连,发电机外壳与蓄电池负极相连。

(　　)14. 燃油压力检测时,不能起动车辆避免产生火灾。

(　　)15. 使用量缸表测量汽缸时,每个汽缸只需要测量一个平面的圆度即可。

(　　)16. 安装汽缸盖时,需按顺序依次多次紧固缸盖螺栓。

(　　)17. 通过改变传动比,改变发动机曲轴的转矩,适应在起步、加速、行驶以及克服各种道路阻碍等不同行驶条件下对驱动车轮牵引力及车速不同要求的需要。

(　　)18. 更换制动主缸后,不需要排放管路空气。

(　　)19. 若 P/N 开关损坏,则起动系统无法正常工作。

(　　)20. 汽车空调制冷系统采用 R12 和 R134-a 制冷剂,使用的歧管压力表是一样的。

得　分	
评分人	

二、单项选择题(第 1～80 题。请选择一个正确答案,将相应字母填入括号内。每题 1 分,共 80 分)

1. 关于职业道德,说法错误的是(　　)。
    A. 是从事某种职业的人员在职业活动中应当遵守的道德规范的总和
    B. 是一般社会道德在职业活动中的体现
    C. 在职业生活中形成和发展,用于调节职业活动中的特殊道德关系和利益矛盾
    D. 只要把工作做好,可以不需要职业道德

2. 不符合社会主义职业道德基本要求的是(　　)。
    A. 爱岗敬业　　B. 诚实守信　　C. 唯利是从　　D. 奉献社会

3. 不符合安全、文明生产基本要求的是(　　)。
    A. 不在维修车间吸烟
    B. 穿工作装和工作鞋
    C. 清理掉落在地面的油污
    D. 使用压缩空气清洁衣服上的脏污

4. 常见的汽油标号(如 92、95 等),代表的含义是(　　)。
    A. 汽油的抗爆性　　　　　　B. 汽油的百分比
    C. 汽油的纯度　　　　　　　D. 汽油的碳元素含量

5. 螺栓型号为 M8×1.25-4T,其中 8 代表(　　)。
    A. 螺纹类型　　B. 螺栓外径　　C. 螺距　　D. 外径

6. 机油的黏度等级中,"W"代表的是(　　)。
    A. 冬天　　B. 夏天　　C. 春天　　D. 秋天

7. 关于短路,错误的说法是(　　)。
    A. 短路时电路中的电流迅速增大
    B. 短路时熔断器可对电路进行保护
    C. 短路时,电路中的电阻为无穷大
    D. 应避免出现电源短路

8. 电路符号—○○—表示(　　)。
    A. 熔断器　　B. 电阻　　C. 导线　　D. 断路器

9. 液压传动中,液压油的最主要的作用是(　　)。
    A. 润滑　　B. 冷却　　C. 传力　　D. 防锈

10. 液压泵是液压系统中的（　　）。
    A. 执行元件　　B. 动力元件　　C. 控制元件　　D. 辅助装置
11. 通常万用表不能用来测量（　　）。
    A. 交流电压　　B. 直流电流　　C. 正弦波形　　D. 频率
12. 汽车排量一般是指汽车的（　　）。
    A. 尾气排量　　B. 汽缸工作容积　　C. 油箱容量　　D. 汽缸数量
13. 汽车的轮距一般是指（　　）的距离。
    A. 左右轮胎胎面中心线　　　　B. 前后轮胎胎面中心线
    C. 左右轮胎最前端　　　　　　D. 左右轮胎最后端
14. 以下哪个系统不属于汽车底盘的系统？（　　）
    A. 传动系统　　B. 转向系统　　C. 冷却系统　　D. 行驶系统
15. 车内电气线路发生（　　）故障时可能会引发火灾。
    A. 短路　　　　B. 断路　　　　C. 接触不良　　D. 电压过低
16. 一旦有人触电，绝对不能出现的操作是（　　）。
    A. 拨打120　　　　　　　　　B. 切断电源
    C. 用手直接救人　　　　　　　D. 用木棍救人
17. 车辆维修实行预防为主、定期检测、强制维护、（　　）的原则。
    A. 不用修理　　B. 视情修理　　C. 尽量修理　　D. 全部修理
18. 根据《机动车维修管理规定》，汽车维修经营业务及其他机动车维修经营业务根据经营项目和服务内容分类，不包括（　　）。
    A. 一类维修经营业务　　　　　B. 二类维修经营业务
    C. 三类维修经营业务　　　　　D. 四类维修经营业务
19. 以清洁、补给和安全性能检视为中心的维护作业，称为（　　）。
    A. 日常维护　　B. 一级维护　　C. 二级维护　　D. 三级维护
20. 下列哪项不属于发动机一级维护的内容？（　　）
    A. 更换空气滤清器　　　　　　B. 检查发动机舱
    C. 更换机油和机油滤清器　　　D. 更换火花塞
21. 下列哪项不属于发动机二级维护的内容？（　　）
    A. 检查发动机工作状况　　　　B. 检查、更换发动机传动带
    C. 检查曲柄连杆机构　　　　　D. 检查进排气系统
22. 选择冷却液时，最重要的参考指标是（　　）。
    A. 冰点　　　　B. 气味　　　　C. 密度　　　　D. 颜色
23. 发动机冷却系统的渗漏部位，不可能出现在（　　）。
    A. 冷凝器　　　B. 散热器　　　C. 水泵　　　　D. 水管接头
24. 两位技师在讨论冷却液的检查方法。技师甲说："冷却液液面高度应在正常范围。"技师乙说："冷却液冰点应符合要求。"谁说的正确？（　　）
    A. 技师甲正确　　　　　　　　B. 技师乙正确
    C. 两人都正确　　　　　　　　D. 两人均不正确

25. 关于机油压力指示灯检查,说法错误的是( )。
   A. 机油压力指示灯位于组合仪表内
   B. 机油压力指示灯点亮,说明机油压力过高
   C. 若机油压力指示灯常亮,表明润滑系统可能存在故障
   D. 机油压力指示灯的点亮受机油压力开关的控制

26. 关于机油油面高度的检查方法,说法错误的是( )。
   A. 车辆应停放在水平地面
   B. 应熄火后立即检查
   C. 拔出机油尺擦干净后,再次插入检查油面高度
   D. 正常油面高度应位于最高和最低之间

27. 在进行底盘维护作业时,错误的做法是( )。
   A. 做好个人防护   B. 做好车辆防护
   C. 规范操作举升机   D. 将工具临时放在地面

28. 汽车底盘一级维护作业项目不包括( )。
   A. 检查、紧固底盘螺栓和螺母   B. 检查车轮和轮胎
   C. 检查变速器齿轮油   D. 调整离合器踏板自由行程

29. 汽车底盘二级维护作业项目不包括( )。
   A. 检查、调整离合器踏板自由行程   B. 检查、调整制动踏板自由行程
   C. 检查、调整变速器轴承间隙   D. 检查、调整轮毂轴承

30. 传动轴的检查内容一般不包括( )。
   A. 检查传动轴有无弯曲   B. 检查平衡块有无脱落
   C. 检查连接螺栓有无松动   D. 检查传动轴有无掉漆

31. 车轮的组成不包括( )。
   A. 轮毂   B. 轮辐   C. 轮辋   D. 轮轴

32. 检查轮胎花纹磨损情况,轮胎花纹深度应不小于( )mm。
   A. 2   B. 1.6   C. 1   D. 2.5

33. 两位技师在讨论汽车电器设备一级维护。技师甲说:"主要内容为电器设备的功能检查。"技师乙说:"如果不清楚汽车电器设备的使用方法,可以查阅车辆的使用说明书。"谁说的正确?( )
   A. 技师甲正确   B. 技师乙正确   C. 两人都正确   D. 两人均不正确

34. 两位技师在讨论车外灯的检查方法。技师甲说:"检查车外灯时,只需要一个技师在车内操作。"技师乙说:"检查车外灯光时,应两个技师在车内和车外配合进行。"谁说的正确?( )
   A. 技师甲正确   B. 技师乙正确   C. 两人都正确   D. 两人均不正确

35. 两位技师在讨论喇叭的检查方法。技师甲说:"检查喇叭时,应在不同位置按压转向盘上的喇叭开关。"技师乙说:"检查喇叭前需要确认电源电压正常,电压过低会造成喇叭声音微弱或喇叭不响。"谁说的正确?( )
   A. 技师甲正确   B. 技师乙正确   C. 两人都正确   D. 两人均不正确

36. 两位技师在讨论电动车窗的检查方法。技师甲说:"在发动机起动后检查电动车窗的工作情况。"技师乙说:"打开点火开关至 ON 挡,不起动发动机,检查电动车窗的工作情况。"谁说的正确?( )
   A. 技师甲正确   B. 技师乙正确   C. 两人都正确   D. 两人均不正确

37. 进气歧管真空度检测时,发动机应处于( )。
   A. 冷机状态   B. 中温状态   C. 正常工作温度   D. 过热状态

38. 燃油压力表一般是( )安装到燃油管上的。
   A. 串联   B. 并联   C. 混联   D. 无接触

39. 尾气检测时控制发动机不同的转速,目的是( )。
   A. 使发动机充分热机   B. 读取不同转速的污染物
   C. 检查车辆是否稳定   D. 确认发动机工况

40. 发动机中,将热能转变为机械能并对外输出动力的是( )。
   A. 配气机构   B. 燃油供给系统   C. 冷却系统   D. 曲柄连杆机构

41. 发动机配气相位一般采用( )来表示。
   A. 曲轴转角   B. 凸轮轴转角
   C. 活塞上下止点的运行时间   D. 进气门打开时间

42. 检测凸轮轴弯曲需要用到的量具是( )。
   A. 游标卡尺   B. 千分尺   C. 百分表   D. 厚薄规

43. 电动汽油泵一般安装在( )。
   A. 汽油箱外部   B. 汽油箱内部
   C. 汽油滤清器内部   D. 汽油油轨上方

44. 发动机停转之后,燃油压力保持 5min 后,压力值不低于约( )kPa。
   A. 10   B. 50   C. 100   D. 150

45. 四冲程柴油机的喷油泵凸轮轴的转速与曲轴转速的关系为( )。
   A. 1:1   B. 2:1   C. 1:2   D. 4:1

46. 为减少有害气体排放,( )工况最适合实行闭环控制。
   A. 起动   B. 大负荷   C. 加速   D. 中负荷

47. 使用万用表测量传感器的阻值时,选用( )挡位。
   A. 电压   B. 电流   C. 电阻   D. 蜂鸣

48. 电磁阀是控制流体的自动化基础元件,属于( )。
   A. 传感器   B. 控制模块   C. 执行器   D. 线路

49. 发动机润滑系统的工作介质是( )。
   A. 机油   B. 齿轮油   C. 汽油   D. 冷却液

50. 检查机油压力时,机油压力表安装在( )的位置上。
   A. 机油滤清器   B. 机油泵   C. 机油压力开关   D. 油底壳

51. 发动机润滑系统清洗的主要目的是( )。
   A. 保证机油品质   B. 延长机油使用寿命
   C. 延长发动机使用寿命   D. 保证机油油量充足

52. 控制冷却系统大小循环的部件是( )。
   A. 节温器　　B. 散热器　　C. 水泵　　D. 旁通阀

53. 涡轮增压器中,直接为进气增压的部件是( )。
   A. 泵轮　　B. 涡轮　　C. 进气旁通阀　　D. 轴

54. 涡轮增压器的主要作用是提高发动机的( )和转矩。
   A. 转速　　B. 功率　　C. 排量　　D. 质量

55. 下列哪个部件不属于传动系统?( )
   A. 手动变速器　　B. 差速器　　C. 转向器　　D. 离合器

56. 当离合器处于完全接合状态时,变速器的第一轴( )。
   A. 不转动
   B. 与发动机曲轴转速不相同
   C. 与发动机曲轴转速相同
   D. 与车辆行驶速度相同

57. 关于离合器总成拆装,说法错误的是( )。
   A. 拆卸离合器前,应注意飞轮和离合器盖、平衡片与离合器盖的相互位置,拆前应做好标记
   B. 离合器膜片弹簧发蓝、自由高度不足、龟裂等,均应更换
   C. 装配离合器从动盘时,从动盘本体突出较多的一面应朝向离合器压盘位置安装
   D. 离合器分离轴承不需要润滑

58. 变速器的换挡互锁系统的作用是( )。
   A. 防止同时挂两个挡　　B. 防止误入倒挡
   C. 给驾驶人以换挡的感觉　　D. 保持所换的挡位

59. 同步器锥面磨损,丧失工作能力,会造成变速器( )。
   A. 异响　　B. 换挡困难　　C. 跳挡　　D. 漏油

60. 行驶系统的组成不包括( )。
   A. 车架　　B. 车桥　　C. 悬架　　D. 离合器

61. 采用非独立悬架的汽车,其车桥一般是( )。
   A. 断开式
   B. 整体式
   C. 断开式或整体式
   D. 以上均不是

62. 四轮定位是主要的定位参数,不包括( )。
   A. 前束　　B. 车轮内倾角　　C. 主销后倾角　　D. 主销内倾角

63. 主销内倾角的作用除了使转向操纵轻便外,另一作用是( )。
   A. 车轮自动回正
   B. 减少轮胎磨损
   C. 减少车轮行驶跑偏
   D. 提高车轮工作的安全性

64. 车轮动平衡时,动不平衡量小于( )g,显示合格为止。
   A. 3　　B. 4　　C. 5　　D. 6

65. 汽车转向系按( )的不同,可分为机械转向系和动力转向系两类。
   A. 转向动力源　　B. 作用　　C. 安装位置　　D. 操作方式

66. 转向系角传动比越大,转向时驾驶人越( )。
   A. 省力　　B. 费力　　C. 无影响　　D. 以上均不是

67. 转向轮的偏转过大,可能会引起(　　)。
   A. 转向失灵
   B. 汽车的机动性差
   C. 碰撞翼子板和转向传动机构
   D. 无法回正

68. 在下列哪种情况下,液压助力转向系统不需要排气?(　　)
   A. 更换转向横拉杆以后　　　　B. 油管拆下以后
   C. 助力泵产生噪声时　　　　　D. 更换转向系统中O形圈以后

69. 电动式动力转向系统基本上是由扭矩传感器、车速传感器、控制单元、电动机和(　　)组成。
   A. 转向油泵　　　　　　　　B. 减速机
   C. 转向油罐　　　　　　　　D. 转向油管

70. 下列几种形式的制动传动机构当中,(　　)仅用在手制动上。
   A. 机械式　　B. 液压式　　C. 气动式　　D. 以上都不是

71. 普通铅酸蓄电池中,单格电池之间的连接方式是(　　)。
   A. 串联　　　B. 并联　　　C. 混联　　　D. 以上都不是

72. 满电时,蓄电池电解液的相对密度约为(　　)。
   A. 1　　　　B. 2.1　　　C. 1.28　　　D. 1.5

73. 起动系统中,将电能转化为机械能的部件是(　　)。
   A. 飞轮　　　B. 起动机　　C. 蓄电池　　D. 点火开关

74. 关于起动机转子总成(电枢)的检修,说法错误的是(　　)。
   A. 转子线圈应无脏污、烧蚀,绝缘层无脱落损坏
   B. 转子轴圆跳动不超过规定值
   C. 电枢绕组与铁芯之间导通性良好
   D. 换向器外径磨损不超过规定值

75. 汽车交流发电机定子总成的作用是(　　)。
   A. 产生三相交流感应电动势　　B. 产生旋转磁场
   C. 产生电磁力矩　　　　　　　D. 产生永久磁场

76. 关于发电机外观检查内容,说法错误的是(　　)。
   A. 检查前端盖、后端盖、后罩盖是否开裂、破损、变形
   B. 检查风扇与传动带轮有无变形和破损
   C. 检查端盖前、后轴承运转是否自如
   D. 检查炭刷是否过度磨损

77. 关于前照灯,说法错误的是(　　)。
   A. 灯光开关控制前照灯近光和远光灯
   B. 打开近光灯时,所有小灯均点亮
   C. 打开远光灯时,仪表上的远光指示灯点亮
   D. 为了更好照明,驾驶过程中应尽可能使用远光灯

78. 两位技师在讨论车速里程表。技师甲说:"机械式车速里程表通过一根软轴,一头连到变速器输出轴,另一头连到车速里程表。"技师乙说:"电子式车速里程表一般在变速器输出轴安装一个转速传感器。"谁说的正确?(　　)

　　A. 技师甲正确　　B. 技师乙正确　　C. 两人都正确　　D. 两人均不正确

79. 关于熔断器,说法错误的是(　　)。

　　A. 不同规格熔断器颜色不同

　　B. 可以用额定电流大的熔断器代替额定电流小的熔断器,但不能用额定电流小的熔断器代替额定电流大的熔断器

　　C. 发现熔断器烧毁,应查明原因后再进行更换

　　D. 可以用万用表检测熔断器是否正常

80. 空调制冷系统中,实现车内空气制冷和除湿的是(　　)。

　　A. 冷凝器　　　B. 蒸发器　　　C. 压缩机　　　D. 膨胀阀

汽车机械维修工技能等级认定四级技能考核试卷(样卷)

注 意 事 项

1. 考试时间:120分钟。
2. 请首先按要求在试卷的标封处填写您的姓名、准考证号和所在单位的名称。
3. 请仔细阅读各种题目的回答要求,在规定的位置填写您的答案。
4. 不要在试卷上乱写乱画,不要在标封区填写无关的内容。

题 号	一	二	三	四	总 分
得 分					

得 分	
评分人	

一、检查、调整及更换发动机传动带

1. 本题分值:30分
2. 考核时间:30min
3. 考核形式:实际操作
4. 具体考核要求:
(1)正确、规范使用工量具。
(2)正确拆卸传动带。
(3)正确检查传动带外观。
(4)正确安装传动带,调整张紧度,检查安装情况。
(5)作业过程规范、安全、有序、整洁、合理。
5. 否定项说明:
若考生发生下列情况之一,则应及时终止其考试,考生该试题成绩记为零分。
(1)考生没按规定要求穿戴劳保用品。
(2)操作过程中出现严重违规操作。
(3)造成人身伤害或设备损坏。
6. 作业工单:

序号	操作步骤	作业内容	完成情况	
1	作业前准备	穿戴个人防护用品	□已完成	□未完成
		确认设备、工具和资料等齐全、完好	□已完成	□未完成
		确认车辆停放可靠、防护件安装正确	□已完成	□未完成
2	拆卸传动带	拆卸前,做好方向标记	□已完成	□未完成
		将传动带张紧度调至最松状态,取下传动带	□已完成	□未完成

续上表

序号	操作步骤	作业内容	完成情况
3	检查传动带外观	目视检查传动带外观有无油污、脱层、龟裂或变形等缺陷	□正常　□异常
4	安装传动带	按方向标记安装传动带	□已完成　□未完成
		调整传动带张紧度至规定值	偏移量测量值为：_____ 张进度测量值为：_____
5	完工检查	检查传动带张紧度和安装情况	□正常　□异常
6	清洁整理	清理现场(5S管理)	□已完成　□未完成

得　分	
评分人	

二、检测汽缸压力

1. 本题分值：30分
2. 考核时间：30min
3. 考核形式：实际操作
4. 具体考核要求：

(1)正确、规范使用工量具。

(2)正确检测汽缸压力。

(3)作业过程规范、安全、有序、整洁、合理。

5. 否定项说明：

若考生发生下列情况之一，则应及时终止其考试，考生该试题成绩记为零分。

(1)考生没按规定要求穿戴劳保用品。

(2)操作过程中出现严重违规操作。

(3)造成人身伤害或设备损坏。

6. 作业工单：

序号	操作步骤	作业内容	完成情况
1	作业前准备	穿戴个人防护用品	□已完成　□未完成
		确认设备、工具和资料等齐全、完好	□已完成　□未完成
		确认车辆停放可靠、防护件安装正确	□已完成　□未完成
2	检测汽缸压力	清洁发动机舱	□已完成　□未完成
		检查蓄电池状况良好	蓄电电压为：_____ □正常　□异常
		运行发动机至正常工作温度	□已完成　□未完成
		断开点火线圈和喷油器连接器	□已完成　□未完成
		拆下全部火花塞，在第一缸安装汽缸压力表	□已完成　□未完成
		拆下空气滤清器，将节气门全开	□已完成　□未完成
		起动发动机带动曲轴运转3~5s，读取汽缸压力值，取两次测量的平均值为该缸压力值，依次测量并记录其余各汽缸压力(请考官起动发动机)	测量值为 第一缸：_____ 第二缸：_____ 第三缸：_____ 第四缸：_____

续上表

序号	操作步骤	作业内容	完成情况	
2	检测汽缸压力	根据标准数据,判断汽缸压力是否正常	□正常	□异常
		安装空气滤清器、火花塞点火线圈和各连接器	□已完成	□未完成
3	清洁整理	清理现场(5S管理)	□已完成	□未完成

得 分	
评分人	

三、检查车轮动平衡

1. 本题分值:20 分

2. 考核时间:30min

3. 考核形式:实际操作

4. 具体考核要求:

(1)正确、规范使用车轮动平衡机。

(2)按操作规程正确检查、调整车轮动平衡。

(3)作业过程规范、安全、有序、整洁、合理。

5. 否定项说明:

若考生发生下列情况之一,则应及时终止其考试,考生该试题成绩记为零分。

(1)考生没按规定要求穿戴劳保用品。

(2)操作过程中出现严重违规操作。

(3)造成人身伤害或设备损坏。

6. 作业工单:

序号	操作步骤	作业内容	完成情况	
1	作业前准备	穿戴个人防护用品	□已完成	□未完成
		确认设备、工具和资料等齐全、完好	□已完成	□未完成
2	检查、调整车轮动平衡	检查轮胎气压是否正常	□正常	□异常
		除掉车轮上的铅块,清理轮胎花纹夹石	□已完成	□未完成
		将车轮安装到平衡机上	□已完成	□未完成
		接通平衡机电源,用尺子测量轮辋与平衡机间的距离,在平衡机上输入数值	轮辋与平衡机间的距离为:_____	
		放下防护罩,按下开始按键开始测量	□已完成	□未完成
		车轮自动停转后,从指示台上读出车轮内、外不平衡量和位置	□已完成	□未完成
		用手转动车轮至装置发出信号时停止,根据显示轮辋边缘的不平衡量和位置,进行配重并卡牢固	□已完成	□未完成
		重复操作,直至动不平衡量小于 5g,显示合格为止	动不平衡量为:_____	
		关闭平衡机电源,取下车轮	□已完成	□未完成
3	清洁整理	清理现场(5S管理)	□已完成	□未完成

得 分	
评分人	

四、检测蓄电池技术状况

1. 本题分值:20 分
2. 考核时间:30min
3. 考核形式:实际操作
4. 具体考核要求:

(1)正确、规范使用工量具。
(2)正确检查蓄电池外观。
(3)正确检测电解液密度。
(4)正确检测蓄电池静态电压。
(5)正确检测蓄电池性能状况。
(6)作业过程规范、安全、有序、整洁、合理。

5. 否定项说明:

若考生发生下列情况之一,则应及时终止其考试,考生该试题成绩记为零分。
(1)考生没按规定要求穿戴劳保用品。
(2)操作过程中出现严重违规操作。
(3)造成人身伤害或设备损坏。

6. 作业工单:

序号	操作步骤	作业内容	完成情况
1	作业前准备	穿戴个人防护用品	□已完成 □未完成
		确认设备、工具和资料等齐全、完好	□已完成 □未完成
2	检查蓄电池外观	检查蓄电池壳体有无破损、泄漏等异常	□正常 □异常
		检查极柱有无磨损、腐蚀和泄漏等异常	□正常 □异常
		检查"电眼"颜色,判断蓄电池电量状况(如有)	"电眼"颜色为_____ □正常 □异常
3	检测电解液密度	清洁、校准折射计	□已完成 □未完成
		测量电解液相对密度,读取检测结果。根据标准数据,判断电解液密度是否正常	测量值为_____ □正常 □异常
4	检测蓄电池静态电压	测量蓄电池正负极柱之间的电压。根据标准数据,判断蓄电池静态电压值是否正常	测量值为_____ □正常 □异常
5	检测蓄电池性能状况	清洁蓄电池极柱	□已完成 □未完成
		利用蓄电池检测仪,检测蓄电池性能状况	□已完成 □未完成
		判断蓄电池性能状况是否正常	□正常 □异常
6	清洁整理	清理现场(5S 管理)	□已完成 □未完成

参 考 文 献

[1] 上汽通用汽车有限公司.汽车发动机机械及检修[M].北京:高等教育出版社,2016.
[2] 张启林.汽车常用工量具使用[M].2版.北京:机械工业出版社,2021.
[3] 人力资源社会保障部教材办公室.汽车维修工(中级)[M].北京:中国人力资源和社会保障出版集团有限公司,2021.
[4] 人力资源社会保障部教材办公室.汽车维修工(初级)[M].北京:中国人力资源和社会保障出版集团有限公司,2021.
[5] GP企画室.汽车车身底盘图解[M].宋桔桔,译.长春:吉林科学技术出版社,香港万里机构出版有限公司,1999.
[6] 庞柳军.汽车制动系统维修工作页[M].北京:人民交通出版社,2013.
[7] 何才.汽车底盘构造与拆装工作页[M].北京:人民交通出版社,2013.
[8] 巫兴宏.汽车自动变速器维修工作页[M].北京:人民交通出版社,2013.
[9] 刘付金文.汽车悬架与转向系统维修工作页[M].北京:人民交通出版社,2013.
[10] 郭忠菊.汽车底盘构造与维修[M].北京:机械工业出版社,2021.
[11] 林志伟,冯明杰.汽车空调系统维修工作页[M].3版.北京:人民交通出版社股份有限公司,2020.
[12] 蔡北勤,陈楚文.汽车车身电器维修工作页[M].3版.北京:人民交通出版社股份有限公司,2020.
[13] 林文工,李琦.汽车发动机电器维修工作页[M].3版.北京:人民交通出版社股份有限公司,2020.
[14] 齐忠志,林志伟.汽车构造[M].2版.北京:人民交通出版社股份有限公司,2022.
[15] 交通运输部职业资格中心.汽车检测工、汽车机械维修工、汽车电器维修工职业技能鉴定教材(初级、中级、高级)[M].北京:人民交通出版社股份有限公司,2017.
[16] 韩东.汽车维护与保养[M].北京:高等教育出版社,2018.